Friederika-Luba von Cohlem
und Christina Zacker

24. September bis 23. Oktober

WAAGE

Mit farbigen Illustrationen
von Olaf Thiede

FALKEN

INHALT

KAPITEL
1

So kommen Waagefrau/Waagemann am besten klar

Man kann Ihnen nur gratulieren: Sie sind eine Waage, und Harmonie und Ausgeglichenheit sind sozusagen Ihre Markenzeichen. Sie sind berühmt dafür, daß Sie in Ihrer Umgebung – ganz gleich, ob im Job und Freundeskreis – für gute Stimmung sorgen.

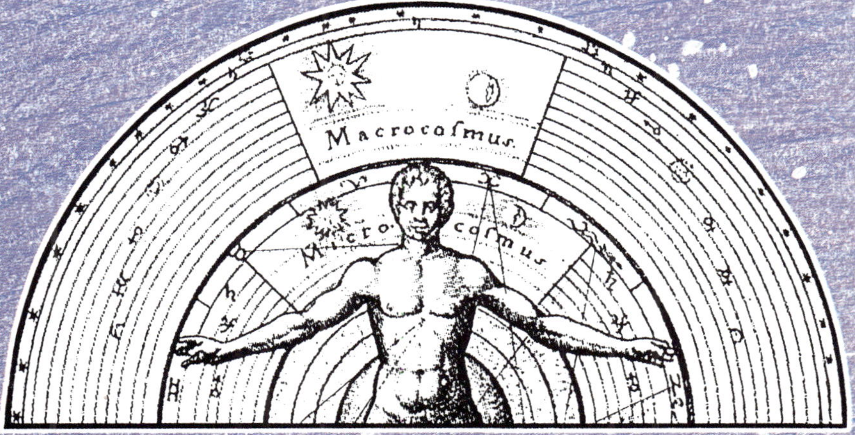

Unter dem Zeichen der Waage – einem Luftzeichen – Geborene gelten als äußerst harmoniebedürftig, doch es gehört schließlich nicht zu den schlechtesten Eigenschaften, lange zu wägen, bevor man handelt.

Sie sind ein Glückskind!

Gratulation! Sie gehören als Waage zu den vielbeneideten Menschen, die in ihrer Umgebung – im Freundes- und Bekanntenkreis ebenso wie im beruflichen Umfeld – für gute Stimmung sorgen. Von Problemen und Konflikten hören Sie nicht so gern, denen weichen Sie lieber aus. Ihre Liebenswürdigkeit läßt's einfach nicht zu, daß Sie mit Streit und Krach leben. Manchmal wirft man Ihnen vor, Sie seien geradezu süchtig nach Harmonie. Hören Sie nicht auf diese Neider.
Zum Beispiel in der Liebe: Waagemänner verstehen es, in ihrer liebenswürdigen, charmant-freundlichen Art jede Frau zu erobern. Sie könnten an jedem Finger zehn haben, wenn Sie wollten. Aber Sie wollen ja gar nicht – zumindest nicht gleichzeitig. Was die Damen an Ihnen schätzen, ist vor allem Ihre Großzügigkeit. Und Ihre Fähigkeit zuzuhören: Sie werden immer das Gefühl vermitteln, die Geschichte, die Sie gerade hören, würde Sie brennend interessieren. Einem Waagemann darf man jedoch nicht zu impulsiv begegnen und ihn auf gar keinen Fall bedrängen. Das können Sie nicht leiden – auch deshalb, weil Sie niemals Ihre Angebetete zu etwas drängen würden, was sie nicht selbst wollte.
Das Lachen der Waagefrau und ihre Fröhlichkeit stecken fast jeden an. In Sachen Liebe können Sie total den Kopf verlieren: Nach Vernunft und Logik fragen Sie dann nicht mehr, Ihr sonst so klares Denken setzt aus. Sie sind verliebt und damit zu allen Verrücktheiten fähig. Genau das macht Sie so anziehend für viele Männer. Als Waagedame sind Sie ein gefragter Gast bei allen Festen. Ihr Witz macht Sie zu einer gesuchten Gesprächspartnerin. Natürlich sind Sie aber auch ernsten Gesprächen nicht abgeneigt – Sie fühlen sich in jeder Gesellschaft wohl. Sie wissen sich bei allen Gelegenheiten richtig zu benehmen und erwarten das auch von Ihrem Partner.

Das launische Wesen

Waagen können mitunter ein sehr launisches Wesen zeigen – Licht und Schatten liegen dann sehr dicht beieinander.

So nett Sie als Waagemann sein können – Sie zeigen hin und wieder ganz andere Seiten. Sie können sehr launisch sein und sogar streitsüchtig. Ihre Eifersucht kennt manchmal kaum Grenzen, obwohl Sie sich's durchaus herausnehmen, anderen Mädchen nachzuschauen – und nicht selten sogar nachzusteigen. Ihr Grollen ist indes nicht von langer Dauer, und da Sie ein einsichtiger Mensch sind, suchen Sie bald wieder einen Ausgleich der gereizten Stimmungslage herzustellen.

Frau Waage gilt als heiteres und geselliges Wesen. Auch wenn Sie sich manchmal – ohne Rücksicht auf Ihre Mitwelt – Ihren Launen hingeben, gewinnen Sie doch schnell die Sympathien Ihrer Arbeitskollegen und Freunde. Sie können selbst Außenstehende so schnell für sich einnehmen, daß sie sich akzeptiert und einbezogen fühlen. Sie haben vielseitige Begabungen – vor allem aber sind Sie ein diplomatisches Genie. Manchmal wirken Sie ein wenig leichtfertig, denn in der Liebe gehen Sie mit sehr wachem Auge durch die Gegend. Selten lassen Sie eine Gelegenheit zum Flirt aus.

Das Äussere

Viele Waagen kann man an ihrem Äußeren und ihrer Ausstrahlung erkennen. Sie sind nicht nur in Geist und Charakter ausgleichend, sondern haben meist gleichmäßige Gesichtszüge, die ergänzt werden von einer guten, sportlichen Figur. Waagemänner wirken oft nicht betont maskulin, eher manchmal ein bißchen weich. Ihre fröhliche Ausstrahlung zeigt auf den ersten Blick: Sie sind ein freundlicher Mensch, der alle Sympathien gewinnen will.

Waagedamen zeichnen sich durch ebenmäßige, harmonische Gesichtszüge aus. An Ihnen fällt sofort das Lächeln auf – ein Lächeln, das nicht nur Ihre Mundwinkel umspielt, sondern Ihre Augen strahlen läßt. Ihre Figur ist wohlproportioniert, insgesamt aber gut durchtrainiert. Ihr graziöser Gang verrät natürliche Anmut. Oft sind Fotomodelle unter diesem Sternzeichen geboren. Ihr Aussehen ist Ihnen sehr wichtig und immer perfekt, Sie würden nie im Gammellook durch die Gegend laufen.

Waagemenschen sind davon überzeugt, daß die meisten Konflikte überflüssig und selbst die kompliziertesten Probleme spielerisch zu lösen sind.

Beide Waagen stehen dem Leben und all seinen

Fährnissen aufgeschlossen gegenüber. Sie sind sicher, daß man die meisten Probleme spielerisch lösen kann – wenn sie sich denn überhaupt als Problem erweisen. Konkret zu etwas Stellung zu beziehen ist allerdings Ihre Sache nicht: Sie wollen nämlich beliebt sein und geliebt werden. Deshalb setzen Sie sich nur ungern in die Nesseln, indem Sie bei Streitigkeiten Partei ergreifen. Sie versuchen lieber zu schlichten, beide Seiten zu verstehen und zu einem Kompromiß zu kommen. Wie durch ein Wunder gelingt es Ihnen oftmals, völlig gegensätzlich argumentierende Streithähne zu einigen.
Sie setzen viel daran, im Mittelpunkt zu stehen. Wenn Sie als Schlichter zu Ehren kommen, ist Ihnen das gerade recht: Haben Sie es dann doch geschafft, daß man auf Sie aufmerksam wurde. Sie sind kein temperamentvoller, dafür aber ein sehr empfindsamer Mensch. Auch deshalb ist Ihnen Streit zuwider. Aber Sie werden eine Auseinandersetzung nicht scheuen, wenn es die einzige Möglichkeit wäre, wieder in Ruhe gelassen zu werden. Sie werden dabei immer versuchen, eine eher friedliche Lösung zu finden – selbst wenn es Ihnen schwerfällt, konkrete Entscheidungen zu treffen.

Die schwankende Waage

Das Symbol der Waage bezeichnet Ihren Charakter und Ihr Wesen ziemlich genau: Sie schwanken ständig zwischen positiven und negativen Gefühlen und müssen diese in der Waagschale halten. Manchmal nimmt Sie das ganz schön mit; dann neigen Sie kurzzeitig ein wenig zu Depressionen. Doch die werden schnell wieder ausgeglichen: Bald danach hat Ihre Laune wieder den Höchstpunkt erreicht. Das ständige Wechselbad der Gefühle, auch Ihre „Pflicht“, stets ausgleichend auf andere zu wirken, läßt Sie anderen sehr unentschlossen erscheinen. Sie wollen aber niemals

Die 12 positivsten Eigenschaften, die Waagen nachgesagt werden.

Waagen sind

- *verständnisvoll*
- *ausgleichend*
- *elegant*
- *liberal*
- *warmherzig*
- *feinfühlig*
- *intelligent*
- *charmant*
- *hilfsbereit*
- *humorvoll*
- *gutmütig*
- *liebenswert*

gedrängt werden – genauso, wie Sie bei Ihren Mitmenschen geduldig auf eine Entscheidung warten, verlangen Sie für sich selbst auch genügend Zeit. Und das kann manchmal dauern...

Der Lebensstil einer Waage ist für einen Außenstehenden oft nicht zu verstehen. Werden Sie mit Problemen konfrontiert, ziehen Sie sich häufig zurück und warten ab. Sie lassen sich treiben, nichts interessiert Sie, Sie leben einfach in den Tag hinein. Kein Wunder, daß in Ihrer Wohnung Unordnung herrscht, daß Sie am Arbeitsplatz nicht gerade rauschende Erfolge feiern. Ihre Batterie ist einfach leer, denn Ihre Energiereserven sind nicht groß. Sie werden erst „auftanken", wenn eine Seite Ihrer ganz persönlichen Waagschale zu tief hängt. Wird der Druck von außen zu groß, raffen Sie sich plötzlich auf: Dann gelingt es Ihnen auf einen Schlag, energisch zu handeln. Sie denken nicht mehr lange nach, wägen nicht mehr stundenlang Für und Wider ab, sondern entscheiden fast automatisch.

Gesellschaftliches Leben ist für jede Waage wichtig. Waagemänner lieben es, auf Partys zu brillieren und dabei eine schöne Frau an ihrer Seite zu haben. Als Gastgeber sind Sie sehr zuvorkommend und freigebig. Sie veranstalten gerne Festlichkeiten. Alles wird genauestens geplant, alles muß seine Richtigkeit haben. Ihr Geschmack ist – wie der einer Waagefrau – immer kultiviert, Ihr Benehmen immer hervorragend und den Gegebenheiten angepaßt. Als Waage schätzen Sie die Kunst, die schönen Dinge. Ihr Heim ist meist komfortabel ausgestattet – je mehr Luxus, um so besser fühlen Sie sich und um so glücklicher werden Sie sein. Je nach Gehalt oder Einkommen leisten sich manche Waagen einige Extravaganzen. Nichts davon wirkt jedoch aufdringlich. Sie vermischen im Wohnbereich geschickt Altes mit Neuem, Antikes mit Modernem. Ihr eleganter Geschmack und Ihr Sinn für Farben und Formen lassen auf diesem Gebiet keinen

Fauxpas zu. Waagemenschen legen großen Wert auf Äußerlichkeiten. Nicht, weil sie oberflächliche Menschen sind, sondern weil sie all ihren Sinnen Schönes gönnen. Also wird's bei einer Waage immer optisch ansprechend zugehen – auch bei Tisch. In Ihrer Küche ist gewiß alles farblich aufeinander abgestimmt – und das gilt selbst für die Speisen, die Sie Ihrer Familie oder Ihren Gästen vorsetzen.
Um die „Waagschale im Gewicht zu halten", wären für Sie ausgleichende Sportarten angebracht. Selbst hier suchen Sie die Gesellschaft. Sie sind kein Einzelkämpfer, sondern sporteln gerne in der Gruppe.
Waagen wirken sehr gesund, ihr Teint ist oft dunkel, gebräunt. Doch Vorsicht: Die Gesundheit mancher Waage wird durch Kleinigkeiten angegriffen – auch psychische Belastungen spielen dabei eine große Rolle. In der Astromedizin werden Ihnen als Waage Nieren, Blase und Haut zugeordnet.
Als Hobby suchen Waagen sich meist ein Steckenpferd, das ihren geistigen Ansprüchen Genüge tut. Waagemänner sind meist große Bücherfreunde. Waagefrauen sind nicht nur Leseratten, sondern auch handwerklich nicht ungeschickt. Beim Schneidern Ihrer Garderobe können Sie dies Talent besonders gut unter Beweis stellen.

Die 12 negativsten Eigenschaften, die Waagen nachgesagt werden.

Waagen sind

- *launisch*
- *nachgiebig*
- *einfältig*
- *überheblich*
- *phlegmatisch*
- *charakterlos*
- *langweilig*
- *hochnäsig*
- *unberechenbar*
- *kleinlich*
- *verschlagen*
- *vorlaut*

KAPITEL
2

Typisch Waage

Natürlich sind fürs Horoskop zunächst Ihr Geburtsdatum und das Sonnenzeichen entscheidend. Auch der Planet, der dieses Zeichen beherrscht, hat bestimmenden Einfluß auf Ihren Charakter. Aber noch ein zweites Tierkreiszeichen hat für Sie Bedeutung. Es ging in der Minute Ihrer Geburt am östlichen Horizont auf. Man nennt es Aszendent.

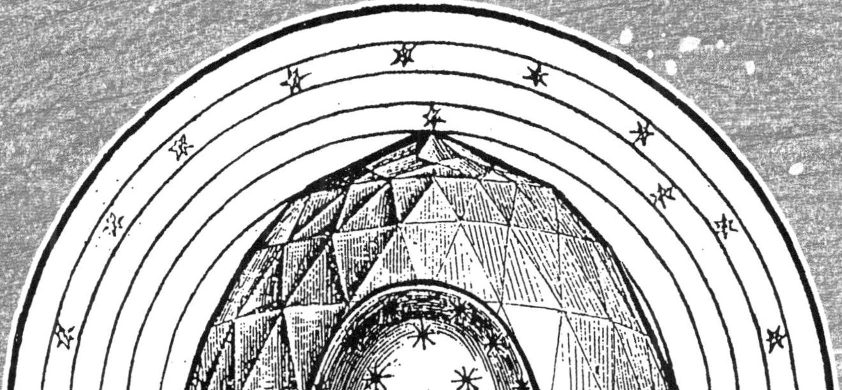

Die Planeten

In der Astrologie kennt man zehn Planeten. Man zählt – ganz im Gegensatz zur strengen astronomischen Wissenschaft – auch die Sonne und den Mond dazu.

Der Planet des Sternzeichens Waage ist die Venus. Sie symbolisiert Harmonie und Innerlichkeit und steht für Schönheit und ästhetische Anziehungskraft. Außerdem schreibt man der Venus Charme und Grazie zu. Das Ideal ist Aphrodite, die griechische Göttin der Liebe, in deren Figur sich geistige und weltliche Liebe mischen. Aphrodites lockerer Lebenswandel ist ja bekannt, vor allem aber ist sie Symbol für Verbundenheit mit der Natur, für Schönheit und Kunstsinn. Nicht selten folgen daher Waagegeborene, bei denen sich der Venuseinfluß besonders stark auswirkt, ihren künstlerischen Ambitionen – auch beruflich.

Venus, der Planet, der für viele die Eigenschaften der griechischen Liebesgöttin Aphrodite verkörpert, regiert nach überkommener Vorstellung auch Schönheitssinn und künstlerische Talente.

Welche Waage sind Sie?

Astrologisch sind natürlich nicht alle Waagen gleich: Neben dem „Sonnenzeichen" – also dem Sternbild, in dem bei Geburt der „Planet" Sonne stand, ist der Aszendent von entscheidender Bedeutung. Er ist meist nicht mit dem Sonnenzeichen identisch, wirkt sich jedoch auf den Charakter eines Menschen – besonders in dessen zweiter Lebenshälfte – ebenfalls stark aus. Die Sonne – so sagten die Astrologen der Antike – ist himmlisch, der Mond gefühlsbetont, der Aszendent weltlich. Im Anhang finden Sie Tabellen, mit denen Sie Ihren Aszendenten leicht bestimmen können. Und so wird Ihre Waagepersönlichkeit beeinflußt:

Aszendent Widder verleiht Ihnen Widerstandskraft. Sie sind ein wenig renitenter als „normale“ Waagen, und das führt zu manchem Widerspruch in Ihrem Wesen – nicht ganz einfach für Sie und Ihre Umwelt.

Aszendent Stier gibt Ihnen ein wenig von der Beharrlichkeit ab, die dieses Sternzeichen auszeichnet. Ihr Sinn für Schönes ist sehr ausgeprägt – da spielt die Venus ihre Kraft doppelt aus.

Aszendent Zwillinge läßt Sie überschäumen vor Tatendrang. Voller Lebenslust gehen Sie Ihre Aufgaben an und setzen Ihre Pläne in die Realität um. Ihr sagenhaftes Glück in der Liebe läßt Sie jedoch manchmal zur Untreue neigen.

Aszendent Krebs könnte Sie schwach und labil erscheinen lassen. Dazu kommen oft noch Launen und unbeherrschtes Verhalten. Ehrgeiz kennen Sie kaum. Aber dennoch Sie sind wegen Ihres Verständnisses für Mitmenschen beliebt.

Aszendent Löwe macht Sie zu einem ausgesprochen großzügigen Menschen. Sie haben viele Gönner, auch wenn Sie mit Ihrer herrischen Art zunächst manchen abschrecken. Sie erreichen höchste Ziele – beruflich und in der Liebe.

Aszendent Jungfrau sorgt für geregelte Finanzen und Ordnung in Ihrem Leben. Allerdings sind Sie manchmal ein wenig unentschlossen. Sie haben wenige, dafür aber sehr gute Freunde und entschließen sich erst spät nach reiflicher Überlegung zur Ehe.

Aszendent Waage verstärkt natürlich Ihre Sehnsucht nach Harmonie. Für jeden wollen Sie Gerechtigkeit erreichen, das läßt Sie oft unentschlossen wirken. Im Job erreichen Sie viel – aber Sie machen sich dabei ungern die Hände schmutzig.

Aszendent Skorpion macht Sie zu Temperaments-, ja Zornesausbrüchen geneigt – ganz waageuntypisch. Ihre Wahrheitsliebe läßt Sie manchmal beinahe beleidigend wirken.

Aszendent Schütze sorgt dafür, daß Sie einen großen Freundeskreis um sich scharen. Ihr zuvorkommender Charme läßt Sie zahlreiche Förderer finden, die Ihren beruflichen Erfolg garantieren.
Aszendent Steinbock sorgt dafür, daß Sie mit dem nötigen Ernst an alle Probleme herangehen. Sie sind strebsam und schaffen sich oft schon in jungen Jahren ein großes Vermögen.
Aszendent Wassermann macht Sie besonders hilfsbereit und gütig. Trotzdem lassen Sie sich im Job nicht ausnützen, sondern setzen sich und Ihre Ideale durch.
Aszendent Fische hilft Ihnen dabei, daß Sie mit sich und Ihrer Umwelt in Harmonie und Frieden leben. Sie sind sehr redegewandt und haben tolle Ideen.

Was sonst noch zur Waage gehört

Jahrtausende der Astrologie haben gezeigt, daß jedes Sternzeichen nicht nur „seinen" Planetenregenten hat, sondern daß man den einzelnen Tierkreiszeichen eine ganze Reihe von Dingen zuordnen kann. Ob das Farben, Pflanzen oder Mineralien sind, die Ihnen als Waage besonders liegen. Gewiß erkennen Sie sich in so manchem wieder:

- Der Waage ist als Element die Luft zugeordnet. Scheinbar schwerelos füllt sie den Raum, unfähig, die beiden Waagschalen in die ein oder andere Richtung zu lenken – nur dem Ausgleich wird „Gewicht verliehen". Dem leichtesten der vier klassischen Elemente entspricht
- die Farbe Blau mit all ihren Schattierungen: strahlendes Himmelblau ebenso wie Türkis oder Dunkelblau. Hauptsache, das Blau wirkt klar und nicht verwässert oder fahl. Auch Grüntöne und Kupfer und sogar Karmin kommen in der Farbpalette der Waage vor.

♦ Die Pflanzen der Waage sind Goldrute, Erdbeeren, Bananen, Pflaumen und Spargel. An zarten Blumen schätzen Sie das schlichte Gänseblümchen, strahlende Astern und gelbe Dotterblumen von der Wiese. Sauerampfer gegen Hautverunreinigungen und Feigenwurz, das die Blutgerinnung hemmt, sind die klassischen Heilkräuter, die mit der Waage in Verbindung gebracht werden. Esche und Zypresse gelten als typische Waagebäume, die wie Mandel- und Feigenbaum zugleich dem – ebenfalls von der Venus beherrschten – Stier zugeordnet werden.

♦ Ihre Glückssteine sind Rosenquarz, Achat, Aquamarin, Jaspis, Peridot, Saphir. Wer seine/n Liebste/n also mit Schmuck beschenken will, findet reiche Auswahl beim Juwelier...

Sie glauben an die Heilkraft der Edelsteine? Dann sollten Sie wissen, daß Rosenquarz gegen Kopfschmerzen und Augenermüdung wirkt. Achate sind seit alters her ein Schwangerschaftsschutz für Mutter und Kind, Aquamarin stärkt das Immunsystem. Jaspis hilft bei Verdauungsproblemen und der Saphir gleicht Ihr Nervenkostüm aus. Als typisches Waagemetall gilt das Kupfer.

♦ Zubehör und Accessoires wählt die Waage genau passend zur Kleidung aus. Alles muß harmonieren: Material und Farbe, Stil und gesellschaftlicher Anlaß. Schmuck sollte nicht zu auffällig sein. Zwar legen Waagen durchaus Wert darauf, Gold und Juwelen zu tragen, die wertvoll sind und am besten auch noch ein Zertifikat haben. Aber sie würden niemals in der Öffentlichkeit mit wertvollen Kleinodien angeben. Das Gleiche gilt für Accessoires: Qualität spielt sicher eine große Rolle. Waagen gehören aber nicht zu den Sternzeichen, die darauf bestehen, daß an gar nicht so diskreter Stelle das Markenzeichen oder Firmenlogo des Designers zu lesen ist. Für gute Ware gibt eine Waage auch mal viel Geld aus.

KAPITEL
3

DER LEBENSKREIS DER WAAGE

Ob als Kleinkind oder als Senior im hohen Greisenalter: eine Waage wird man stets erkennen. Sie haben einfach Eigenschaften, die Sie nicht verstecken können – und zumeist auch gar nicht verstecken wollen.

Als Kind

Schon als Baby sind Waagen äußerst gewinnende kleine Wesen. Wenn sie lächeln, wenn sie ihr Grübchen am Kinn zeigen, flippt die ganze Verwandtschaft aus. Waagekinder haben natürlich schnell heraus, daß ihnen mit einem Lächeln – wie putzig, wenn ihnen so im Alter von sechs, sieben Jahren auch noch ein Vorderzahn fehlt! – die Herzen ihrer lieben Mitmenschen zufliegen.
In der Schule will die kleine Waage genauso gerne im Mittelpunkt stehen wie zu Hause und im Kindergarten. Meist sind Waagen intelligente Kinder, sie haben keine großen Probleme mit dem Lehrstoff. Aber sie haben Schwierigkeiten mit ihren Gefühlen. Sie wissen nämlich nicht so recht, wie sie's anstellen sollen, jemandes Freundschaft zu gewinnen. Zu Hause, bei den Eltern ist ja alles klar: Mama und Papa lieben ohne Gegenleistung. Aber bei Schulkameraden ist das anders. Sie erwarten ein Geben und Nehmen – nicht unbedingt in materieller Hinsicht. Weil Waagen aber sehr zurückhaltend und schüchtern sind, auch nicht so recht wissen, wie sie ihre Gefühle äußern sollen, hängen sie sich oft nur an andere Kinder an, ohne selbst viel Initiative zu entwickeln.
Schon jetzt zeigt sich bei der kleinen Waage, was ihr später auch im Erwachsenenalter Schwierigkeiten bereiten wird: ihre Unentschlossenheit und ihre oft mangelnde Willenskraft können Eltern und Lehrer nur schwer in den Griff bekommen. Ehrgeiz kennen Waagen kaum, wenn sie im Unterricht nicht die Besten sind, stört sie das recht wenig. Hier muß man eine Waage behutsam lenken und anleiten. Nicht, indem man sie zu Spitzenleistungen treibt, aber vielleicht, indem man ihr Anreize bietet, ihre verborgenen Begabungen zu entwickeln und auszubauen. Spiele und Hobbys helfen dabei eine ganze Menge. Hat man ihre Talente erkannt, müssen Waagekinder und

-jugendliche behutsam in die richtige Richtung gedrängt werden. Von alleine haben sie gewiß Schwierigkeiten, sich für eine bestimmte Sache zu entscheiden. Ob Sport, Spaß oder Spiel – Waagen werden sorgfältig abwägen, was ihnen gefallen könnte.

Als Teenie

Spätestens als Teenager zeigt sich, ob die künstlerischen Begabungen einer Waage ausreichen, um einen Beruf in diesem Metier zu ergreifen – und ob sie genügend Ausdauer und Ehrgeiz entwickelt hat, die erforderlich sind, um in einem dieser Berufe zur Spitze zu gelangen. Eine Ausbildung in einem Beruf, der Waage-Youngstern harte geschäftliche Entscheidungen abverlangt, ist wahrscheinlich nicht die Königsidee. Hat die Waage eine Neigung und ein Talent in schöngeistiger oder künstlerischer Hinsicht, sollten Eltern und Ausbilder das auf jeden Fall fördern. In einem solchen Beruf wird jede Waage glücklicher sein als hinter dem Bankschalter oder dem Schreibtisch im Finanzamt.

Zwischen 20 und 30

Zwischen 20 und 30 sind viele Waagen schon verheiratet. Bedingt durch ihre unkontrollierten Emotionen stürzen sie sich oft viel zu schnell und zu früh in eine Ehe. Während und nach der Pubertät werden sie von Gefühlsstürmen durchtobt: Einerseits sehnen sie sich nach Liebe, sind aber andererseits kaum fähig, dies auszudrücken. Dieser Zwiespalt kann zu Launen, ja sogar Depressionen führen. Um dem zu entkommen, stürzen sie sich in die Ehe. Das geht oft schief. Viele Waagen heiraten mehrere Male, bis der richtige Partner fürs Leben gefunden ist.

ZWISCHEN 30 UND 40

Zwischen 30 und 40 ist auch die Waage schon etwas gereift, hat es in ihrem Beruf zu etwas gebracht. Glückliche Waagen haben nun auch die Liebe ihres Lebens gefunden – möglicherweise sind dem ein paar Scheidungen, gewiß aber etliche Beziehungskrisen vorausgegangen. Die Wohnung ist luxuriös ausgestattet, mit ihrem hervorragenden Geschmack für Farben und Stoffe ist das für keine Waage ein Problem. Allerdings hat sie nach Trennungen und Scheidungen öfter wieder ganz von vorn beginnen müssen.

ZWISCHEN 40 UND 50

Zwischen 40 und 50 hat die Waage auf dem Weg zur Selbständigkeit auch in beruflicher Hinsicht einen sicheren Partner gefunden, mit dem sie vielleicht ein Geschäft aufgebaut oder die Leitung eines Verlages übernommen hat. Erfolg und Anerkennung sind selbstverständlich nicht ausgeblieben. Sie ist angesehen in ihrem Metier, sie lebt in Komfort und Luxus und möchte ihren großen Freundeskreis ebensowenig missen wie ihren festen Lebenspartner.

ZWISCHEN 50 UND 60

Zwischen 50 und 60 hat es jede Waage, egal ob Mann oder Frau, sicher gelernt, wichtige Entscheidungen etwas schneller und gezielter zu treffen. Die Waagefrau ist glücklich, von ihren familiären Pflichten weitgehend entbunden zu sein und nun auch alle Freiheiten genießen zu können. Sie muß nur noch Rücksicht auf ihren Partner nehmen, die Kinder sind aus dem Haus. Endlich hat sie Zeit für all ihre Hobbys.

Über 60

In den Jahren über 60 ist die Waage endlich im Ruhestand – Beruf und Arbeit waren ihr eher ein notwendiges Übel als ein Herzensbedürfnis – vor allem, wenn sie einen ungeliebten Job ausgeübt hat. Und nun ist endlich Zeit für alle künstlerischen Interessen, die ihr so am Herzen liegen und die in den Jahren, da es vorrangig um die berufliche Karriere und die finanzielle Absicherung ging, wohl oder übel zurückstehen mußten. Oft schließen sich musizierende Waagen jetzt noch einem Liebhaberorchester an oder begründen mit Gleichgesinnten einen Zeichenzirkel. Ihre Launen hat die Waage längst im Griff – oder die Partner von Waagegeborenen haben gelernt, damit umzugehen.

KAPITEL
4

Die Waage und die Liebe

Als Waagemann sind Sie immer dann ideal, wenn eine Frau einen Flirtpartner sucht, wenn sie nicht auf eine tiefe und reife Beziehung aus ist, sondern Leben und Liebe leichthin genießen will.
An der Waagefrau schätzt jeder Mann ihr freundliches Wesen. Sie geht auf Menschen zu, ist nicht in sich gekehrt.

So liebt der Waagemann

Als Waagemann sind Sie ein geschätzter Partner für alle Gelegenheiten, bei denen es nicht gleich um die Dauer „bis daß der Tod euch scheidet“ geht. Frauen schätzen Ihre Gutmütigkeit, Ihren friedlichen Charakter. Das Symbol Ihres Sternzeichens zeigt ziemlich genau an, wie Sie die Liebe handhaben: Sie schwanken von einer zur anderen, entscheiden sich höchst ungern für eine einzige Partnerin.

Genauso schwankt die Waagschale bei Ihren Gefühlen oft zwischen himmelhoch jauchzend und zu Tode betrübt. So mancher Waagemann stürzt sich deshalb schon in jungen Jahren in eine Ehe, vielleicht in der Hoffnung, er würde dort auf Dauer Frieden und Harmonie finden. Leider geht das oft schief – und so ist eine Scheidung gewissermaßen vorprogrammiert. Läuft ein Waagemann in etwas reiferem Alter im Hafen der Ehe ein – vielleicht zum zweiten- oder gar drittenmal – so kann man sicher sein: Zahlreiche Affären sind der Hochzeit vorausgegangen, er hat sich wirklich ausgetobt. Um so eher wird eine Beziehung halten, die er in reiferem Alter eingeht.

Der Waagemann ist ein sehr liebevoller Partner. Er kann sich gar nicht vorstellen, daß seine Ehefrau oder Partnerin fremdgehen könnte. Er betet seine Auserwählte an, versucht mit allen Mitteln, sie zu verwöhnen. Kleine Geschenke ohne bestimmten Anlaß gehören genauso zu seinem Repertoire wie spontane Fahrten ins Blaue, aber auch die überraschende Erfüllung langersehnter Wünsche, die er seiner Partnerin im wahrsten Sinne des Wortes von den Augen abgelesen hat. Er wird seine Geliebte auf Händen tragen – deshalb ist ihm völlig unverständlich, wie sie nur auf den Gedanken an einen anderen Mann verfallen könnte. Sie dagegen muß ihm eine gewisse Freiheit zugestehen – nicht für andere Frauen. Er muß nur das

Gefühl haben, er hätte seine Freiheit nicht vollends verloren...
Waagen können sich gut in andere Menschen hineinversetzen, deren Gefühle manchmal fast erraten und damit auch gut umgehen. Sie werden jeder Frau das Gefühl vermitteln, sie seien nur für sie da, würden nur ihr zuhören. Für den Moment stimmt das ja auch. Herr Waage bemerkt sofort, wenn seine Partnerin beim Friseur war, wenn sie von einem Einkaufsbummel ein neues Kleid mitbringt. Selbst Kleinigkeiten fallen ihm auf – und jede Frau, die solche Aufmerksamkeit von ihren bisherigen Partnern nicht gewohnt war, wird sich darüber freuen. Auch darüber, daß er ein so gepflegter Mann ist. Ungepflegte Menschen oder schlechtes Benehmen kann Herr Waage selbst nicht ausstehen. Und so wird er immer darum bemüht sein, selbst eine ordentliche Erscheinung zu bieten. Gute Kinderstube, gepflegte Manieren sind ihm eine Selbstverständlichkeit. Er erwartet dies deshalb auch von seiner Partnerin und von allen Menschen, die mit ihm befreundet sein wollen. Selbstverständlich wird er bei ungebührlichem Benehmen keinen Krach heraufbeschwören oder sich peinlich lautstark in der Öffentlichkeit darüber äußern. Er wird sich diskret zurückhalten, aber seine Konsequenzen ziehen... Diplomatie und Takt sind nämlich nur zwei weitere der zahlreichen positiven Charaktereigenschaften der Waage.
Einem Waagemann fällt es schwer, deutlich „nein" zu sagen. Selbst wenn er im Innersten schon eine negative Entscheidung gefällt hat – z.B. bei Beendigung einer Beziehung –, zeigt sich seine Unentschlossenheit. Übrigens auch bei Frau Waage. Beide sprechen nicht über alles, beide würden lieber sang- und klanglos verschwinden als sich hart auseinanderzusetzen. Ihre Begründung: Dem Partner sollen Sorgen und Quälerei erspart bleiben, seine Gefühle sollen nicht verletzt werden.

Der Waagemann hat es schwer, sich für eine Frau zu entscheiden. Oft schwankt er lange, und manchen Irrtum muß er sich im Laufe des Lebens auch in Liebesdingen eingestehen.

Ist der Venuseinfluß sehr stark, kann die Waagefrau die Angelegenheiten des Herzens auch schon mal etwas lockerer nehmen; jedenfalls wird sie niemals versuchen, einen Partner fest an sich zu ketten.

So liebt die Waagefrau

Die Waagefrau wirkt selten introvertiert; sie geht mit ihrem freundlichen Wesen offen auf andere Menschen zu. Selbst wenn sie in ihrem tiefsten Inneren Unsicherheit verspürt, wird sie's mit Charme und Esprit überspielen. So fühlt sie sich fast überall wohl. Sie weiß sich stets zu benehmen, unkultiviertes Betragen ist ihr fremd. Waagefrauen sind fast die geselligsten aller Sternzeichen. Dabei sind sie in keiner Weise besitzergreifend: Jeder kann – so finden sie – nach seiner Fasson selig werden. Sie respektieren das Recht eines jeden einzelnen auf Privatleben. Einen Mann anbinden, in die Ehe locken und dann umerziehen? Das käme für Frau Waage niemals in Frage!

Auch Waagedamen flirten gerne, und auch sie haben keinerlei Hemmungen dabei, mehr als einen einzigen Partner zu becircen. Besonders, wenn der Planeteneinfluß der Venus sehr stark ist; das Urbild der antiken Liebesgöttin war ja für seinen lockeren Lebenswandel bekannt. Sie lieben es, wenn ihnen alle Aufmerksamkeit zufliegt, wenn sie im Mittelpunkt stehen. Im Gegensatz zu ihrem männlichen Sternzeichenpartner hat Frau Waage es aber nicht nötig, alle möglichen Herren „auszuprobieren", um endlich nach langer Suche den richtigen zu finden. Sie strebt zwar ebenfalls eine Ehe an, zumindest eine feste und tiefe Beziehung, aber sie weiß: Man muß nicht in jedes Bettchen hüpfen, um den Traumpartner zu finden.

Waagedamen lassen sich zunächst ein bißchen von Äußerlichkeiten beeindrucken. Wenn ein Mann Geld hat, damit jedoch nicht angibt, sondern nur auf diskrete Weise zu verstehen gibt, daß die Summe auf dem Scheckformular, das er ihr überläßt, für ihn kein Diskussionsthema ist, zeigen sie mehr als nur bloßes Interesse. Frau Waage liebt modische Kleidung, sie kann sehr extravagant sein. Und da sie zudem noch

sehr gesellig ist, braucht sie eine reichhaltige Garderobe. Nicht, daß sie sich aushalten lassen will. Aber wenn sie einen finanzkräftigen Sponsor findet, der ihr seine Liebe durch zahlreiche wertvolle Geschenke beweist, kommt ihr das sehr entgegen.
Hat sie Erfolg bei ihrer Suche nach „Mr. Right", so ist die Waage eine treue Partnerin. Das sollte jeder Mann wissen – denn auch Madame Waage wird's nicht lassen können, mit anderen zu flirten. Sie muß stets das Gefühl haben, sie könnte, wenn sie denn wollte, auch noch mal ausbrechen. Läßt man sie an der „langen Leine", so wird das niemals passieren. Zieht man die Zügel jedoch zu streng an – dann kann man sich ausrechnen, was geschehen wird...
Waagefrauen brauchen viel Abwechslung, sie sind oft geradezu ruhelos. Das legt sich zwar im Laufe der Jahre, aber bis dahin hat so mancher Waagepartner vielleicht schon seine Geduld verloren. Findet sie jedoch in einer festen Beziehung ihr Glück, so hat sie sehr moralische Ansichten über die Ehe. Sie glaubt fest an die Treue – sowohl die eigene wie die ihres Mannes. Sie ist großzügig: Da sie in der Partnerschaft eine gewisse Freiheit behalten will, gesteht sie das auch ihrem Partner zu. Deshalb wird sie ihn auch nie irgendeinem Verhör unterziehen, um ihn auszufragen. Eifersucht kennt sie nicht, außer man gibt ihr dazu konkreten Anlaß.
Sie wird nicht gerade zur Furie, wenn sie ihrem Partner auf die Schliche kommt. Frau Waage ist sehr anpassungsfähig. Sie packt Probleme an, stellt sich ihnen, sucht aber nicht nach radikalen Lösungen. Meist wird sie versuchen, alles mit viel Diplomatie zu lösen und zu Kompromissen zu gelangen. Hier ähnelt sie wieder ihrem männlichen Pendant: Endgültige Entscheidungen schiebt sie lieber hinaus, sie fällt ungern ein spontanes und deshalb vielleicht vorschnelles Urteil.

KAPITEL
5

Die Waage in Beruf und Geschäftsleben

Waagen sind meist sehr intelligent. Sie müssen sich also keine Sorgen machen, ob sie ihre Pläne verwirklichen können und ihre Lebensziele erreichen. Ihre geistige Aufnahmefähigkeit, ihre Wendigkeit im Denken ist wirklich hervorragend.

Wenn eine Waage zur Schule geht...

Ihre eigene Unentschlossenheit kann Waage-Geborenen ihr ganzes Leben lang im Wege stehen, wenn sie nicht beizeiten lernen, daß man Problemen nicht immer ausweichen darf.

...zeigt sich schon ein Manko, das Waagen ihr ganzes Leben lang begleiten wird und ihnen manchmal den Weg zum Erfolg verbauen kann: ihre Unentschlossenheit. Schon im Kindergarten gab es dafür erste Anzeichen, und während der Ausbildung und selbstverständlich später im Beruf wird sie Waagemenschen wiederholt zu schaffen machen.

Natürlich können schon die Eltern darauf hinwirken, daß eine kleine Waage etwas entschlossener wird im Leben. Wer sein Kind langsam, aber konsequent dazu erzieht, Problemen nicht auszuweichen, sie nicht aufzuschieben, sondern ihnen mutig zu begegnen, stellt der Waage die besten Weichen. Aufgaben, die man ihr stellt, dürfen zunächst keine sofortige Entscheidung erfordern. Nach und nach wird die Waage lernen, Initiativen zu übernehmen – und natürlich außerdem, für etwaige Fehler einzustehen.

Entscheidungen zu treffen, fällt schon einem Jugendlichen aus dem Sternzeichen Waage schwer. Eltern und Lehrer, später die Ausbilder sind gefordert, die Waage sehr feinfühlig an die das ganze Leben hindurch währende Aufgabe heranzuführen, nämlich Entscheidungen allein, auf eigene Faust zu treffen und sich dabei nicht auf andere zu verlassen. Erziehen Sie Ihre kleine Waage zur Eigenverantwortlichkeit. Im Lauf der Zeit wird sie lernen, daß es besser ist, selbst zu einem Entschluß zu kommen – und auch dabei zu bleiben – als zu warten, was die anderen wohl raten werden. Beim Waagekind beginnt die Qual der Wahl ja schon morgens nach dem Aufstehen: Welche Klamotten soll es anziehen? Lieber Turnschuhe einer Edelmarke oder doch Doc-Martens-Stiefel? Zieht es zuerst den rechten oder den linken an? Andere Sternzeichen können sich gar nicht vorstellen, mit wie vielen Entscheidungen eine Waage tagtäglich, Stunde um Stunde zu kämpfen hat...

Die Waage und ihr Job

Mit viel Einfühlungsvermögen ist die Waage jedoch ganz schön lernfähig. Das ist ihr natürlich später im Beruf von gewaltigem Nutzen. Die Berufswahl übrigens ist einer der wenigen Punkte, bei der die Eltern gar keinen Druck ausüben sollten. Sucht sich eine Waage nämlich unter Beeinflussung einen Job aus, und ist dies ein Beruf, der ihr nicht liegt, den sie nur den Eltern zuliebe gelernt hat, so wird sie ihr Leben lang unglücklich sein. Sie wird nämlich bei einem einmal gewählten Beruf eher unzufrieden ausharren, als den Schritt in eine neue, ungewisse Richtung zu wagen. Waagen sollten auf jeden Fall in einem Metier ihr Geld verdienen, das ihnen wirklich Freude macht. Nur dann werden sie erfolgreich sein. Krisensicherheit und Spitzengehalt sind dabei nicht unbedingt entscheidend: Spaß am Beruf und damit auch tiefe innere Befriedigung sind wichtiger.

Zusammen mit anderen – in Schule oder Ausbildung vielleicht bei Gruppenarbeiten, später im Beruf im Team – fällt es der Waage leichter, Verantwortung zu übernehmen. Diese Fähigkeit macht sie auch für Berufe im sozialen Bereich geeignet. Zwar ist sie künstlerisch veranlagt, aber nicht unbedingt kreativ. Ideen und Erfindungen muß ein anderer haben – die Waage wird ihm dann mit Rat und Tat zur Seite stehen, wird schon Existierendes verfeinern und verbessern. Und davon werden beide profitieren. Der Waage kann man ein gewisses Zielbewußtsein nicht völlig absprechen. Sie muß nur lernen, ihre Zielstrebigkeit einzusetzen und nicht durch langes Hin-und-Her-Überlegen zu verlieren, sich schon bei der Planung einer Aufgabe zu verzetteln. Hindernisse versucht jede Waage zu umgehen – das kann gerade im Beruf manchmal tatsächlich besser sein, als mit der Holzhammermethode eine Lösung herbeizuführen.

Berufe mit Karrierechancen

Wenn Waagen ihren Sinn fürs Ästhetische und ihre künstlerischen Talente ausspielen können, kommen sie im Berufsleben am weitesten.

Waagen sind gut geeignet, in einem Lehrberuf Erfüllung zu finden. Optimal ist auch eine Laufbahn als Beamter. Nicht, weil Waagen die Arbeit scheuen, sondern weil bei guter Leistung Laufbahn und Karriere fast automatisch gesichert sind. Kaum eine Waage ist besonders ehrgeizig, sie wird dem Erfolg nicht krampfhaft hinterherlaufen. Da kann's dann schon von Vorteil sein, wenn Gehalt und Pension von vornherein gesichert sind – ebenso wie der Arbeitsplatz.

Viele Waagen sind in künstlerischen Berufen tätig. Selbst Berufe, die sich ganz konkret mit der Schönheit beschäftigen – etwa Friseur, Designer, auch Verkäufer(in) in einem Modehaus oder Kosmetikerin – sind waagegeeignet. Bedingt durch ihren guten Geschmack in Farben und Stoffen eignet sich so manche Waage für den Beruf des Innenarchitekten. Die Zusammenstellung von altem, antikem und neuem, modernem Mobiliar macht ihr keine Schwierigkeiten – im Gegenteil.

Waagen sind gute Verkäufer – unter einer Bedingung: Sie müssen sich mit dem Artikel identifizieren, den sie verkaufen sollen. Ihr Sinn für Gerechtigkeit und das Suchen nach einem Ausgleich zwischen Temperament und Überlegung lassen Waagen oft für Minderheiten und sozial Schlechtgestellte eintreten. Einen eigenen Standpunkt muß die Waage nicht unbedingt einnehmen – sie macht sich zum „Anwalt" anderer und sucht so nach einer für alle Seiten befriedigenden Lösung. So wird sie sich als Betriebsrat, in der Sozialarbeit oder als Rechtsanwalt erfolgreich für die Belange anderer einsetzen.

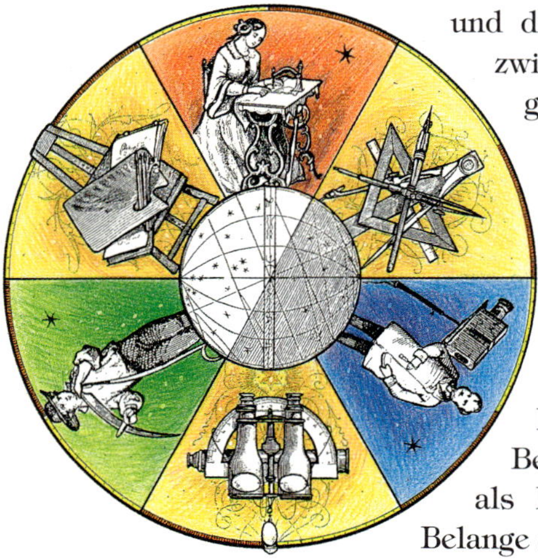

Die Waage im Arbeitsalltag

Mit Fairneß in der Zusammenarbeit hat eine Waage absolut keine Schwierigkeiten. Intrigenspiele sind ihr fremd – zumindest so lange, bis sie die Konsequenzen einer Fehlers ertragen müßte. Wenn sie selbständig mit einem Partner oder in einem Betrieb arbeitet, wird sie versuchen, die Konsequenzen aus eventuellen Fehlern auf andere abzuschieben. Das ist natürlich nicht gerade die feine Art. Aber lange wird ihr kein Kollege böse sein: Mit Charme wickelt die Waage auch Mitarbeiter um den Finger.

Als Chef ist die Waage nur dann wirklich gut, wenn sie gelernt hat, Entscheidungen nicht nur zu fällen, sondern unter Umständen auch gegen den Widerstand Untergebener durchzuziehen. Es fällt ihr schwer, einem Mitarbeiter eine harte personalpolitische Entscheidung – zum Beispiel seine Entlassung oder Versetzung – mitzuteilen. Solche unangenehmen Dinge muß ein anderer tun – etwa der Stellvertreter.

Die Finanzen der Waage

Waagen gehen sehr bewußt und behutsam mit Geld um, obwohl ihnen das Geldverdienen und Sparen relativ leichtfällt. Waagen scheuen aber das Risiko. Nichts Schlimmeres kann man ihnen antun, als sie vor die Alternative zweier gegensätzlicher Anlagestrategien zu stellen. Am liebsten halten sich Waagemenschen an das, was Usus ist. Frühzeitig schließen sie einen Bausparvertrag ab, zahlen in eine Lebensversicherung ein, auch wenn damit keine optimalen Renditen erzielt werden. Bundesschatzbriefe stehen ganz oben auf der Prioritätenliste der Waagen, selbst wenn ihnen klar ist, daß der Bund die versprochenen Zinsen letztlich von ihren eigenen Steuern bezahlt.

KAPITEL
6

Die Waage
in Urlaub und Freizeit

Auf die Ferien freut sich jede Waage: Ist es doch endlich mal eine Gelegenheit, Abwechslung vom Alltagstrott zu finden! Waagen wissen: Vorfreude macht am meisten Spaß – und so werden sie sich schon Monate vor dem Urlaub mit Hingabe der Planung widmen, Kataloge wälzen und Reiseführer studieren.

Urlaubsorte, Ferienziele

Bevorzugte Urlaubsgebiete einer Waage sind Österreich, Holland, Deutschland und – China oder Japan. In Österreich wird jedoch nicht der höchste Alpengipfel gestürmt, sondern bestenfalls eine geruhsame Bergwanderung unternommen. Holland ist ideal für idyllische Fahrradtouren, und Ferien in Deutschland sind für die Waage optimal, um auf vielfache Art und Weise noch unbekannte Seiten der Heimat zu erforschen. China und Japan fallen etwas aus dem Rahmen. Aber die Geheimnisse des Reichs der Mitte und japanischer Kultur ziehen eine Waage fast magisch an.
Als Städtereisen kommen Touren nach Wien mit einem Besuch des Praters und Gemütlichkeit beim Heurigen, nach Kopenhagen oder Frankfurt am Main in Frage.

Sport

Sportliche Aktivitäten liegen einer Waage nicht unbedingt. Wenn's denn sein muß, wird sie sich eine ruhige Sportart suchen, eine Betätigung, bei der die Entspannung niemals zu kurz kommt. Wenn also wandern, dann sicher nicht im Verein und um ein Abzeichen zu „verdienen", sondern um die Natur in Ruhe zu genießen und dabei auch das Gasthaus am Wegesrand nicht zu mißachten. Radelnde Waagen werden eher eine Tour an der deutschen Wein- oder Spargelstraße planen, als das Zeitfahren auf der Route der Tour de France nachzuahmen. Das gilt auch für Urlaubsaktivitäten: Lieber liegt eine Waage in der Sonne brutzelnd am Strand oder mit leichter Ferienlektüre im Liegestuhl am Pool als Surfen oder Segeln zu lernen. Waagen sind keine sportlichen Typen. Nie und nimmer würde man sie zum Urlaub in einem Club bewegen können, in dem dauernd Animation und Sport geboten sind.

Hobby

Das eigene Haus oder die eigene Wohnung sind die liebsten Steckenpferde einer Waage. Alles herzurichten und zu renovieren ist ihr lieber, als ein Haus neu zu kaufen und dort dann alles picobello vorzufinden. Vor allem die Planung der Inneneinrichtung ist ein echtes Waagehobby, kann sie doch dabei ihren Geschmack ideal zur Geltung bringen. Der Garten wird mit der gleichen Perfektion geplant; die Ausführung schwerer Arbeiten wie etwa das Anlegen der Beete und des Rasens jedoch überläßt sie dem Fachmann.
Viele Waagen finden Altes und Antikes faszinierend. Und so macht Ihnen das Stöbern in Antiquitätengeschäften und Buchantiquariaten ganz besonders Spaß. Ein altes Buch nur in Händen zu halten wird die Waage begeistern. Waagedamen entwerfen unter Umständen ihre Kleidung und schneidern diese sogar selbst. Für ihre Freundinnen sind sie die idealen Modeberaterinnen.

Familienleben

Waagen lieben ein harmonisches Zusammenleben. Die Angst vor Streit und Auseinandersetzung bestimmt ihr ganzes Leben, also natürlich auch den Bereich der Familie. Und gerade da ist ihnen Harmonie besonders wichtig. Waageeltern sind unter allen Sternzeichen fast die besten: Ihre Kinder werden sie mit der gleichen Rücksicht erziehen, die sie anderen Menschen gegenüber zeigen. Für sie sind die Sprößlinge nicht Menschen, die gefälligst zu tun haben, was man anordnet. Waageeltern befehlen nicht, sie erklären alles und versuchen zu überzeugen. Ihr Talent zum Schlichten und zum Kompromiß lehrt die Nachkömmlinge von klein auf, daß es im Leben nicht nur schwarz oder weiß gibt.

Waagen sind in ihrem Heim sehr ordentlich. Alles hat seinen Platz. Beim Frühstück gehört ein besonders fröhliches „Muntermacher-Geschirr“ auf den Tisch; mittags kochen sie liebevoll. Abends versammeln sie die ganze Familie rund um den Tisch – geselliges Beisammensein gehört für eine Waage einfach zum Familienleben.
Als Partner/in sind Waagen nicht ganz einfach: Sie lehnen es ab, sich mit ihrem Lebensgefährten zu streiten, sich mit ihm etwa wegen Kleinigkeiten auseinanderzusetzen. So manche Beziehung geht deshalb in die Brüche: Nicht jedes andere Sternzeichen kommt damit klar, daß Waagen ständig nach Frieden streben. Daß man sich in einer guten Beziehung auch mal streiten muß, sehen sie nicht ein.

Kulinarisches

Essen und Trinken sind für die Waage nicht nur einfach lebensnotwendig, sondern eine vollkommene Abrundung des Lebens. Sie schlagen sich nicht einfach nur den Bauch voll, sondern zelebrieren jede Mahlzeit genauso als sei es ein besonderes Ereignis. Beim Dinner für zwei wird das ganze Ambiente stimmen. Oft sind Waagen erstklassige Köche. Sie kennen sich auch mit Getränken bestens aus: Nicht billiger Wein aus dem Karton wird serviert, sondern der genau zum Mahle passende Wein des idealen Jahrgangs. Daß der Aperitif und auch der Digestif von bester Qualität sind, ist wohl klar – da würde sich eine Waage niemals lumpen lassen.
Gerne probieren Waagen exotische Gerichte aus. Sie mögen's aber nicht allzu scharf. Auch hier gilt: Gewürze sollten ebenso ausgewogen sein wie die Speisen selbst. Einheitliche Nahrung, etwa nur Vegetarisches oder nur Fastfood, käme für eine Waage nicht in Frage.

Garderobe

In Sachen Kleidung trifft man bei Herrn und Frau Waage auf perfekte Stilsicherheit. Alle Farben passen selbstverständlich zusammen, der Schnitt ihrer Garderobe ist perfekt. Waagen kleiden sich elegant, manchmal auch sportlich. Auf gar keinen Fall machen sie irgendwelche Modegags mit. Sie müssen nicht durch Firlefanz auf sich aufmerksam machen. Die Farben der Waage sind außerdem so vielfältig, daß sowohl Waagemänner wie Waagefrauen sich eine sehr individuelle Garderobe zusammenstellen können: vom strahlenden Himmelblau über Türkis bis Dunkelblau, auch Grüntöne und Kupfer sowie Karmin kommen in der Palette der Waage vor.

Düfte und Make-up

Die Ausstrahlung einer Waage wird mit einem warmen Duft unterstützt. Eine Prise Orient schadet nicht, ebensowenig ein süßliches Aroma. Zu verschiedenen Anlässen tragen Waagen auch verschiedene Düfte: von kostbar-elegant über moosig-holzig bis hin zu erotisierend. Meist bleiben Herr und Frau Waage aber in der Duftfamilie orientalisch-würzig-süß.

Die Waagefrau weiß perfekt mit Make-up umzugehen. Zu jedem Anlaß wird sie passend geschminkt erscheinen – und ganz ohne Make-up sieht man sie so gut wie nie. Da Waagen oft einen dunklen Teint haben, muß sie gar nicht so sehr viel für ein gutes Aussehen tun. Blasse Haut mit Pickeln kennen sie kaum. Sie sehen meist gesund und gut aus. Beim morgendlichen Gang zum Brötchenholen legt die Waagefrau vielleicht noch kein Make-up auf. Aber spätestens am Frühstückstisch erscheint sie dezent geschminkt. Schließlich will sie sich doch keine Blöße geben.

KAPITEL
7

Gesundheit und Fitness der Waage

In der Astromedizin sind der Waage die Nieren, die Blase und das größte menschliche Organ, die Haut, zugeordnet. Alle Krankheiten und Beschwerden, die hier auftreten, sind deshalb besonders waagetypisch.

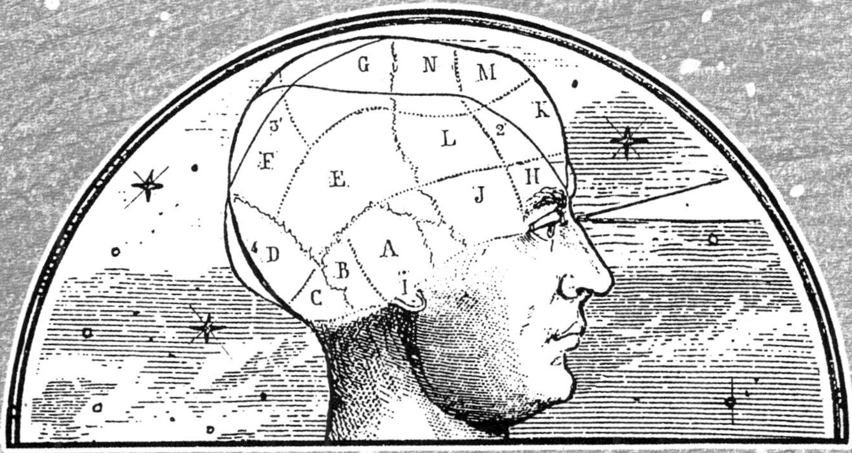

An die Nieren

Auch wenn Waagen Meister im Verdrängen sind – sie können doch nicht verhindern, daß ihnen das eine oder andere Problem an die Nieren geht.

Besonders auf Waagemenschen trifft die alte Redensart zu, mit der man ausdrücken will, daß einem etwas besonders nahegegangen ist. Den Satz „das ist mir an die Nieren gegangen" wird man vielleicht von Waagen öfter zu hören bekommen als von anderen Sternzeichen. Meist haben Waagen jedoch Glück. Sie erfreuen sich besonders guter Gesundheit. Lediglich Kleinigkeiten können das Wohlbefinden des öfteren stören. Allerdings sind sie anfällig für viele Krankheiten, die umherschwirren: Geht gerade eine Erkältungswelle um, wird sich eine Waage leichter anstecken als so manches andere Sternzeichen. Dafür schreitet die Genesung aber sehr rasch voran. Waagen sind nicht gerne krank, sondern kurieren sich in Windeseile wieder aus.

Waagekinder kommen vom Spielplatz immer wieder mit blauen Flecken, mit Schnitt- und Schürfwunden nach Hause. Kein Wunder: Die Haut zählt ja ebenfalls zu den waagetypischen Körperregionen. Waagefrauen, die bereits Mutter geworden sind, klagen oft über Kreuzschmerzen. Viele Krankheiten haben psychische Ursachen – vor allem Beschwerden im Rücken, an den Bandscheiben, Migräne und Kopfschmerzen.

Viele Waagen neigen zu Nierensteinen oder Nierengrieß: Dem kann man mit viel Trinken vorbeugen oder sogar abhelfen. Gerade Waagen sollten eher mehr als die ärztlich empfohlenen zweieinhalb Liter täglich trinken. Dabei nehmen Sie selbstverständlich keinen Alkohol oder zuckerhaltige Getränke zu sich, sondern Tees, Fruchtsäfte oder Mineralwasser. Natürlich ist hin und wieder ein Gläschen Wein, eine Weinschorle oder ein Bierchen erlaubt.

Die regelmäßige Entschlackung des Körpers ist also gerade bei der Waage wichtig. Oft können sich übrigens Schwierigkeiten und Probleme in der Partnerschaft in psychosomatischen Nierenbeschwerden ausdrücken.

Sport und Fitness

Waagen stellen ihr inneres Gleichgewicht durch ausgiebiges Relaxen her – manchmal relaxen sie auch bei Sportarten, die einen besonderen Gleichgewichtssinn erfordern.

Das Fitneßprogramm ist bei Waagen so eine Sache. Mit Sport haben sie nicht viel am Hut. Am liebsten hätten sie's, wenn ihnen die körperliche Fitneß einfach durch ausreichendes Relaxen zufliegen würde. Leider klappt das nicht! Und so muß sich die Waage genauso abstrampeln und schwitzen wie jeder andere, wenn sie fit sein will. So manches kann man jedoch mit ganz geruhsamen Sportarten in den Griff bekommen: ein bißchen Schwimmen, ein wenig Radfahren, im Winter Schlittschuhlaufen – das reicht einer Waage bereits aus. Wenn alles regelmäßig passiert und es nicht nur bei einmaligen Vorstellungen bleibt, genügen diese spärlich anmutenden sportlichen Betätigungen auch. Waagen sind übrigens prädestiniert dafür, sich mit Meditationsübungen zu beschäftigen. Diese können ja nicht nur den Geist, sondern auch den Körper fit halten. Yoga, Tai Chi oder Chi Gong bringen so manche Waage nach einem harten und anstrengenden Streßtag im Büro wieder auf Vordermann. Das mag unter Umständen besser sein, als krampfhaft eine Sportart auszuüben, die ihr eigentlich gar nicht liegt.

Ernährung

Instinktiv ernähren sich die meisten Waagen von Grund auf richtig. Es liegt ihnen nicht unbedingt, sich mit „schlechten" Kohlenhydraten vollzustopfen, zuviel Fett und Eiweiß zu sich zu nehmen. Kaum eine Waage hat Übergewicht – selbst dann nicht, wenn der körperliche Ausgleich zum Büroalltag fehlen sollte. Gemüse und Ballaststoffe stehen auf dem Speiseplan einer Waage an oberster Stelle. Natürlich mag sie auch Fleisch und Fisch. Aber das muß nicht täglich sein. Gemüsegerichte und Salate schmecken ihr genauso gut.

In Diätfragen werden Waagen ihrem Sternzeichennamen vollauf gerecht – instinktiv ernähren sie sich ausgewogen und schlagen auch beim Alkoholkonsum selten über die Stränge.

Weil Waagen sich gerne mal eine Erkältung einfangen, sollten gerade im Herbst und Winter viel Gemüse und Salate auf den Tisch kommen. Vitamine sind wichtig. Achten sollte man allerdings darauf, nicht unbedingt Ware aus dem Treibhaus zu kaufen. Wer sich an die saisonbedingte Auswahl hält, findet beim Lebensmittelhändler auch in der kalten Jahreszeit eine reichhaltige Auswahl. Auf gute Qualität schaut die Waage auf jeden Fall. Aus Konserven oder nur von Fertiggerichten wird sie sich bestimmt nicht ernähren. Auch deshalb, weil sie in der Küche und beim Essen Wert auf schöne Optik legt: Alles muß hübsch appetitlich angerichtet sein. Das ist mit frischen Nahrungsmitteln leichter und schneller möglich als mit Kost aus der Dose. Abwechslung ist der Waage ebenfalls wichtig: Jeden Tag nur Eintopf kommt nicht in Frage.
In Sachen Alkohol schlägt kaum eine Waage über die Stränge. Sie trinkt gerne mal einen Schoppen, aber selten mal einen zuviel. Da sie aber wegen ihrer Stimmungsschwankungen manchmal unausgeglichen und außerdem leicht beeinflußbar ist, sollte sie besonders darauf achten, daß es nicht im Laufe der Jahre immer mehr Alkohol wird. Nicht nur, weil dies ihrer Gesundheit schadet. Sondern weil man's ihr dann auch ansieht. Und die Schönheit ist der Waage ja besonders wichtig.

Schönheit

Für ihr gutes Aussehen müssen Waagemann und Waagefrau nicht allzu große Anstrengungen unternehmen. Sie sind in der Jugend manchmal etwas anfällig für Akne. Die Kosmetikabteilung jedes Kaufhauses bietet da jedoch viele Mittelchen dagegen. Kein Problem also, auch als Teenie gut auszusehen und die ersten Dates ohne Pickel zu überstehen.

Waagen legen viel Wert auf Schönheit. Sie lieben sie an anderen und wollen natürlich auch selbst eine Top-Erscheinung bieten. Sie achten also sehr auf ihr Äußeres. Körperpflege steht bei ihnen fast an oberster Stelle im Tagesablauf. Lieber duschen sie einmal zuviel als auch nur den Anflug eines Körpergeruchs zu haben. Mit Deos kennen sie sich bestens aus. Duftende Badezusätze, pflegende Cremes, reinigende Lotionen – nichts ist einer Waage fremd. Übrigens gilt das für beide Geschlechter. Nur sollten sowohl Waagemann als auch Waagefrau darauf achten, daß sie nicht zuviel des Guten tun und die natürliche Widerstandskraft der Haut durch allzu heftige kosmetische Bearbeitung herabsetzen. Vielleicht ist ja ihr Dusch- und Deofimmel auch Ausdruck einer inneren Störung? Da kaum eine Waage im ihrer Seele so richtig ausgeglichen ist, sollte sie versuchen, zu innerer Harmonie zu finden. Das zeigt sich bekanntlich auch außen – man wird bei einem ausgeglichenen Menschen Falten und Fältchen gar nicht mehr wahrnehmen, wenn er Frohsinn, Heiterkeit und inneren Frieden ausstrahlt. Bewußte tägliche Entspannung hilft der Waage gewiß weiter. Vor allem schafft sie es dadurch, ihre Unsicherheiten zu überwinden. Denn oft wirkt eine Waage nur nach außen so ungeheuer selbstsicher.

Hin und wieder sollten sich Waagen einen ausgiebigen Besuch im Kosmetikinstitut oder gar ein Wochenende auf einer Schönheitsfarm gönnen. Nicht nur, um sich so richtig rundum verwöhnen zu lassen, sondern um sich – das gilt vor allem für die Waagedame – ein paar neue Tricks fürs perfekte Make-up anzueignen. Wenn sie dabei auch noch ihrem Urbedürfnis nach Entspannung, nach „Seele baumeln lassen“ nachkommen kann – um so besser.

Das bevorzugte Schönheitsprogramm für Waagemenschen ist ein geregelter Tagesablauf.

KAPITEL
8

Wie die Waage an den Sternhimmel kommt

Die Geschichte Ihres Sternzeichens, liebe Waage, liegt im geheimnisvollen Dunkel der Mythen. Die Römer und die Griechen streiten um den Vorrang, das Zeichen an den Himmel versetzt zu haben.

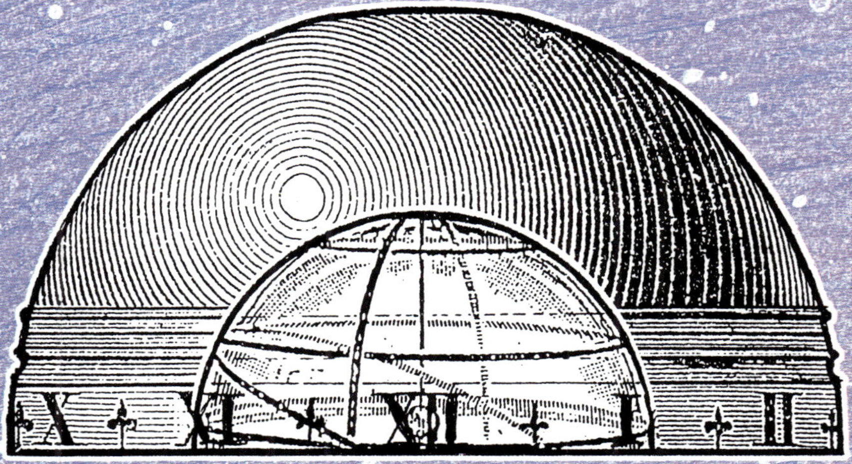

DER MYTHOS

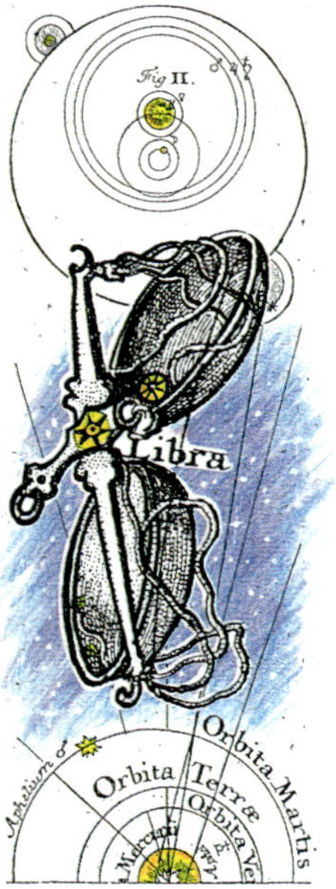

Ursprünglich die Zangen des (als nächstes Tierkreiszeichen folgenden) Skorpions bildend, wurde die Waage von Julius Caesar zum eigenen Sternbild erhoben.

Die alten Römer behaupteten, sie hätten die Waage als zwölftes Tierkreiszeichen an den Himmel gesetzt. Das mag stimmen, aber natürlich gab es Ihr Sternzeichen schon viel früher. Die Griechen zum Beispiel nannten diesen Bereich am Himmel Chelai, was soviel wie „Klauen" bzw. „Zangen" bedeutet. Einst bildeten die Sterne der Waage die Zangen des Zeichens Skorpion. Der griechische Skorpion bestand nämlich aus zwei Hälften, aus dem Körper samt giftigem Stachel und aus seinen Klauen.

Die Waage, wie wir sie heute kennen, taucht im Julianischen Kalender, den bekanntlich Julius Caesar erfunden hat, zum ersten Mal auf. Die Römer hatten einen guten Grund, warum sie das uralte Sternzeichen des Skorpions aufteilten und die Waage erfanden. Der Sage nach wurde die ewige Stadt Rom von Romulus am Ufer des Tiber gegründet. Auch das genaue Datum steht fest: am 21. April des Jahres 753 vor Christi Geburt. Der Mond soll zu diesem Zeitpunkt exakt in den Klauen des Skorpions gestanden haben. Daß dies den Römern nicht angenehm war, kann man nachvollziehen – schließlich waren sie als die „Amis des Altertums" ganz besonders auf ihre eigene Identität bedacht und beriefen sich nur ungern auf griechische Sternenkundige. Und da sowieso eine Kalenderreform anstand, lag es nahe, gleich ein neues Sternzeichen mitzuerfinden – die Waage eben.

Man muß allerdings zugeben: So neu war diese Erfindung nun auch wieder nicht. Libra – so die lateinische Bezeichnung – ist das einzige Sternzeichen im gesamten Tierkreis, das einen unbelebten Gegenstand darstellt. Alle übrigen elf Zeichen zeigen ja Menschen oder Tiere. Libra leitet sich von der Göttin Libera ab, die in Karthago als Astroarche, „Königin der Sterne", verehrt wurde.

Die Waage wurde von den Römern übrigens nicht nur vom Skorpion getrennt, sondern auch noch in eine enge Beziehung mit dem benachbarten Sternbild der Jungfrau gesetzt: Dike, die Göttin der Gerechtigkeit, symbolisiert die Jungfrau, und so wurde Libra zur Waage der Gerechtigkeit, die die Göttin in der Hand hält. Noch heute kennen wir die Waage als Zeichen der Justiz und Symbol der Gerechtigkeit.

Der Sternhimmel

Mit seinen lediglich drei Sternen ist die Waage ein eher bescheidenes Sternbild. Der römische Schriftsteller Manilius behauptet: „Italien gehört zur Waage, unter ihr wurden Rom und seine Oberherrschaft über die Welt begründet.“ Die Römer stellten sich die ehemaligen Klauen des Skorpions deshalb als Waage vor, weil die Sonne im Jahreslauf zu diesem Zeitpunkt an der Herbst-Tagundnachtgleiche stand. Tag und Nacht halten sich dann die Waage, sind gleich lang.
Aber schon 2000 Jahre v. Chr. kannten die Sumerer die Waage des Himmels. Das Waagesymbol wurde mit dem Jüngsten Gericht, dem Aufwiegen der Taten der Verblichenen, in Verbindung gebracht. Später übernahmen es die Ägypter, die zur Zeit dieses Sternzeichens die Ernte einbrachten – und wogen. Die Römer haben dieses Symbol also lediglich wiederbelebt. Die arabischen Sternkundigen nannten den α-Stern Zubenelgenubi (von Al Zuban al Janubiyyah = südliche Zange des Skorpions), was wiederum die Deutung der Griechen bestätigt. Mit dem Fernglas läßt sich dieses Objekt als Doppelstern ausmachen. Den β-Stern nannten die Araber Zubeneschamali (von Al Zuban al Shamaliyyah = nördliche Zange des Skorpions). Noch zu Zeiten des Ptolemäus soll dieser Stern viel heller geleuchtet haben als heute.

Die drei unscheinbaren Sterne, welche die Waage bilden, erinnern dank ihrer arabischen Namen noch immer an die Zangen des Skorpions.

KAPITEL
9

Prominente Waagen – Anekdoten und Histörchen

Damit Sie ein bißchen angeben können, finden Sie für jeden Tag der Waagezeit mindestens einen Prominenten, der es wirklich zu etwas gebracht hat im Leben und den deshalb heute jeder kennt (wenn auch nicht unbedingt liebt!). Sie müssen ihn oder sie ja nicht unbedingt zu Ihrer eigenen Party einladen...

24. September Der Schauspieler Heinz Hoenig (1951), bekannt aus *Der Schattenmann,* Schauspielerin Diana Körner (1944) und Linda McCartney (1942), die Gattin von Ex-Beatle Paul McCartney.

25. September US-Serienstar Heather Locklear (1961), Fußballer Karl-Heinz Rummenigge (1955), *Superman*-Darsteller Christopher Reeve (1952) und Superstar Michael Douglas (1944).

26. September Popsängerin Olivia Newton-John (1948), der Leadsänger von *Roxy Music,* Bryan Ferry (1945), Filmschauspieler und Regisseur Vadim Glowna (1941).

27. September Volksmusikstar Patrick Lindner (1960), Rocksänger Meat Loaf (1947) und Freddy Quinn (1931) – mit dieser Kombination ist auf Ihrem Fest für fast jeden Musikgeschmack gesorgt!

28. September Der gedopte Schwergewichtsboxer François Botha (1968), die US-Schauspielerin Carrie Otis (1968) und die als *Emmanuelle* bekannt gewordene Sylvia Kristel (1952) sowie Edmund Stoiber (1941), der bayerische Ministerpräsident.

29. September Die Popsängerin Jennifer Rush (1960), die österreichische Sängerin Marianne Mendt (1945) und der polnische Arbeiterführer und Ex-Staatspräsident Lech Walesa (1941), Medienzar Silvio Berlusconi (1936) und Rocklegende Jerry Lee Lewis (1935).

30. September Der deutsche Musikverleger und Komponist Ralph Siegel (1945), der Schlagersänger Bata Illic (1939) und *Merci Cherie*-Udo Jürgens (1934).

1. Oktober Volksmusiksängerin Uschi Bauer (1950), der „verdeckte Ermittler“ und Schriftsteller Günter Wallraff (1942) und die beiden US-Filmstars Julie Andrews (1935) und Richard Harris (1932). Außerdem der Ex-Präsident der USA und Erdnußfarmer Jimmy Carter (1924) und das hinreißend skurrile Filmidol Walter Matthau (1920).

2. Oktober Der weibliche Teil des italienischen Duos, Romina Power (1967), und Popstar Sting (1951) sowie die Fotografin Annie Leibovitz (1949) – macht sie Ihre

Geburtstagsfotos? Aber auch der Aufklärungspapst Oswald Kolle (1928) hat heute Geburtstag.

3. Oktober Der Sänger der *Back Street Boys,* Keith Richardson (1971), und der deutsche TV-Serienstar Sigmar Solbach (1946).

4. Oktober Popsänger Chris Lowe (1959) von den *Pet Shop Boys,* Oscar-Preisträgerin Susan Sarandon (1946) und der deutsche TV-Star Horst Janson (1935) sowie der amerikanische Schauspieler Charlton Heston (1924).

5. Oktober Pop- und Rockstar Bob Geldof (1952), die Sängerin Paola (1950) und der tschechische Schriftsteller und Präsident Václav Havel (1936).

6. Oktober Der TV-Serienstar Helmut Zierl (1956) und der abenteuerlustige Naturforscher Thor Heyerdahl (1914).

7. Oktober Die Schauspielerin Sunnyi Melles (1951) und Liedermacher Georg Danzer (1946) aus Österreich sowie *Seewolf* Raimund Harmsdorf (1940).

8. Oktober US-Filmstar Sigourney Weaver (1949) aus *Alien* und *Crocodile Dundee* Paul Hogan (1939).

9. Oktober Die französische Sängerin France Gall (1947).

10. Oktober Die nigerianische Popsängerin Stella Getz (1976) und Komponist und Pianist Max Greger junior (1951).

11. Oktober *Traumschiff*-Steward Sascha Hehn (1954), der Countrysänger Gene Watson (1943) und der schweizerische Filmstar Lieselotte Pulver (1929).

12. Oktober Die deutsche Filmschauspielerin Sophie von Kessel (1968) und Startenor Luciano Pavarotti (1935).

13. Oktober Paul Simon (1942) vom Popduo *Simon & Garfunkel,* die Schauspielerin Christiane Hörbiger (1938) und die griechische Sängerin Nana Mouskouri (1936) sowie die britische Ex-Premierministerin Margaret Thatcher (1925).

14. Oktober Kottan-Darsteller Lukas Resitaris (1947) und der britische Popsänger Cliff Richard (1940) sowie Ex-James-Bond Roger Moore (1928).

15. Oktober Popsänger Chris de Burgh (1948), *Yesterday Man* Chris Andrews (1943) und *Paten*-Erfinder Mario Puzo (1920).

16. Oktober Fußball-Nationalspieler Mehmet Scholl (1970), *Blechtrommel*-Autor Günter Grass (1927) und die britische Filmschauspielerin Angela Lansbury (1925), bekannt als Jessica Fletcher in *Mord ist ihr Hobby.*

17. Oktober Die amerikanische Filmschauspielerin Margot Kidder (1948) und der deutsche Schlagerkomponist Christian Bruhn (1934).

18. Oktober *Pretty Woman* Julia Roberts (1967), der Darsteller Jean-Claude van Damme (1960) und Ex-Tenniskönigin Martina Navratilova (1956).

19. Oktober Spionageromancier John le Carré (1931).

20. Oktober Der deutsche Rap-Sänger und TV-Moderator Stefan Raab (1966) und die amerikanische Sängerin Wanda Jackson (1937).

21. Oktober Die isländische Popsängerin Björk (1966), Fußballstar Pelé (1940) und der immer wieder für Schlagzeilen sorgende Filmgroßhändler Leo Kirch (1926).

22. Oktober Der amerikanische Filmschauspieler Jeff Goldblum (1952) und der französische Star Cathérine Deneuve (1943) beehren Sie womöglich.

23. Oktober Der „Erfinder" und Autor von *Jurassic Park,* Michael Crichton (1942), der Schauspieler Knut Hinz (1941) aus der *Lindenstraße* und der Rockstar Manfred Mann (1940), der vielleicht ab Mitternacht für den richtigen Sound sorgt.

Anekdoten um berühmte Waagen

Scott F. Fitzgerald

♦ Der amerikanische Schriftsteller Scott F. Fitzgerald (24.9.1896) wurde von einem jungen Autor darum gebeten, eines seiner Manuskripte, das in sehr pathetischem Stil gehalten war, zu beurteilen. Fitzgerald besah sich die Arbeit und riet dem Verfasser: „Streichen Sie bloß die vielen Ausrufungszeichen weg. Wer mit Ausrufungszeichen arbeitet, ist wie einer, der über seine eigenen Witze lacht."

♦ Der große französische Komponist Jean Philippe Rameau (24.9.1693) achtete buchstäblich bis zum letzten Atemzug auf musikalische Qualität. Als der Priester an seinem Sterbebett unablässig seine Gebete intonierte, richtete sich Rameau noch einmal mit letzter Kraft auf und herrschte den Priester an: „Mon cher Abbé, warum singen Sie so grauenhaft falsch?" Danach starb er.

Jean Philippe Rameau

♦ Der amerikanische Schriftsteller William Faulkner (25.9.1897) veranstaltete in seinem Haus ein Fest und begrüßte jeden Gast einzeln mit Handschlag, obwohl er längst nicht jeden persönlich kannte. Einen Neuankömmling fragte er: „Sind Sie nicht der Präsident der Liga gegen den Alkohol?"

William Faulkner

„Beinahe, Mr. Faulkner", erwiderte der Gast. „Ich bin der Präsident der Liga gegen Prostitution."

„Ja, richtig", erinnerte sich Faulkner. „Ich wußte doch, irgend etwas darf ich Ihnen nicht anbieten."

♦ Bei einem Bankett in Paris, zu dem auch der französische Ministerpräsident Georges Clemenceau (28.9.1841) geladen war, beendete ein Redner seine Ansprache mit dem Toast: „Messieurs! Lassen Sie uns das Glas auf den Verstand und das Urteilsvermögen dieser Versammlung trinken!"

Georges Clemenceau

Clemenceau schloß sich diesem Trinkspruch mit den Worten an: „Und lassen Sie uns auch auf das Wohl aller übrigen Anwesenden anstoßen!"

♦ Der Maler Bonaventura Genelli (28.9.1798) regte sich einmal fürchterlich auf, als er den Schriftsteller Karl Gutzkow die Bilder drittrangiger Künstler loben hörte. „Herr Doktor", fiel er diesem ins Wort, „was Sie an den Sachen loben, ist schlecht. Und was gut daran ist, das verstehen Sie nicht!"

Bonaventura Genelli

♦ Kurz nach seinem Amtsantritt als Reichspräsident besuchte Paul von Hindenburg (2.10.1847) das Reichsgericht in Leipzig. „Als ich das letzte Mal in Leipzig war", sagte Hindenburg zu dem Reichs-

Paul von Hindenburg

gerichtspräsidenten Simons, „kam ich als Feind. Das war 1866."

„Herr Reichspräsident", antwortete Simons, „ich kann Sie beruhigen: Die Sache ist verjährt!"

Heinrich George

◆ Die Leibesfülle des Schauspielers Heinrich George (9. 10. 1893) war nicht nur sprichwörtlich, sondern natürlich im Kollegenkreis auch oft Anlaß zu Ulk und Hänseleien. Im Romanischen Café in Berlin traf George Gottfried Benn, der ihm auf den Bauch klopfte und sagte: „Heinrich, mir graut vor dir! Du solltest abnehmen." George seufzte und fragte zurück: „Wie soll ich das machen, ohne zu hungern?"

Conrad Ferdinand Meyer

◆ Der schweizerische Dichter Conrad Ferdinand Meyer (11. 10. 1825) wollte 1880 auf einer Deutschlandreise in einem norddeutschen Gasthof logieren. Alle Zimmer waren – nach Auskunft des Portiers – besetzt. Als dieser jedoch das Namensschild „Meyer" am Koffer des Dichters gelesen hatte, war wie durch ein Wunder plötzlich doch noch ein Zimmer frei. Meyer wurde mit ausgesuchter Höflichkeit behandelt. Der Dichter freute sich über seine Popularität, gab ein ordentliches Trinkgeld und sagte bei der Abreise: „Fast glaube ich, daß Sie einige meiner Bücher kennen?!"

Der Portier verneigte sich: „Ich kenne alle Ihre Bücher, wir besitzen eine vollständige Ausgabe!" Und er führte Meyer zum Bücherschrank, in dem eine Ausgabe von Meyers Konversationslexikon stand.

Rudolf Virchow

◆ In die Sprechstunde des Mediziners Rudolf Virchow (13. 10. 1821) kam einmal ein überaus schwergewichtiger Mann und bat ihn um Rat: „Herr Professor, ich war schon bei zwei anderen Ärzten wegen meiner Korpulenz. Der eine riet mir, ich solle viel zu Fuß gehen, der andere, ich solle zur Kur nach Mergentheim fahren. Was meinen Sie?"

„In Ihrem Fall", entgegnete Virchow, „wäre es am besten, Sie gingen zu Fuß nach Mergentheim."

◆ Als Dwight D. Eisenhower (14.10.1890) im Zweiten Weltkrieg zum Oberbefehlshaber der alliierten Truppen in Europa ernannte worden war, wurde ihm viel Fingerspitzengefühl abverlangt. Wieder einmal hatten die Briten Sonderwünsche angemeldet. „Sag ihnen", wies Eisenhower seinen Stabschef an, „sie sollen sich zum Teufel scheren! Aber sag's ihnen so, daß es sie nicht kränkt..."

Dwight D. Eisenhower

◆ David Ben Gurion (16.10.1886) wurde 1948 der erste Ministerpräsident des neuen Staates Israel. „Ihre Staatsgründung ist wirklich ein Wunder!" sagte jemand auf der Feuer zur Amtseinführung zu Ben Gurion.

David Ben Gurion

„Wer nicht an Wunder glaubt", erwiderte der Ministerpräsident, „der ist kein Realist."

◆ Der erfolgreiche britische Schriftsteller Oscar Wilde (16.10.1854) war von seinem Schaffen sehr überzeugt. Eines Tages wurde er von einer Zeitschrift gebeten, eine Liste der seiner Meinung nach hundert besten Bücher aller Zeiten aufzustellen. Man wolle dies der gebildeten Leserschaft mitteilen. Wilde jedoch lehnte den Auftrag ab – mit der Begründung: „Es ist mir leider unmöglich, die hundert besten Bücher aufzuzählen, da ich erst fünf geschrieben habe."

Oscar Wilde

◆ Der Komponist Franz Liszt (22.10.1811) war leidenschaftlicher Raucher und nahm auf andere dabei wenig Rücksicht. Bei einer Bahnfahrt rauchte er einmal im Abteil eine dicke Brasilzigarre und blies den Rauch einer gegenüber sitzenden reiferen Dame ins Gesicht. Diese protestierte: „In meiner Jugend war es nicht üblich, daß Kavaliere in Anwesenheit von Damen rauchten."

Franz Liszt

Liszt darauf ungalant: „Das will ich gerne glauben, gnädige Frau. In Ihrer Jugend war weder die Eisenbahn erfunden noch gab es Brasilzigarren!"

KAPITEL
10

Goldene Regeln für das Leben als Waage

Sind Sie eine „richtige“ Waage? Wie wirken Sie auf Ihre Mitwelt? Mit goldenen Lebensregeln und Checklisten können Sie sich selbst der Prüfung unterziehen, ob Sie als Waage bestanden haben.

1 Waagen sind gerecht. Ihr Sinn für Fairneß ist berühmt, wenn auch nicht ganz uneigennützig: Sie ertragen nämlich einfach keinen Streit. Und so suchen Sie stets nach Kompromissen, um nur ja möglichst viel Harmonie um sich zu spüren. Hin und wieder sollten Sie jedoch Stellung beziehen. Nur so können Sie Ihre Autorität als friedenstiftende Persönlichkeit bewahren.

2 Waagen gelten als eitel und legen Wert auf ihr Äußeres. Manchmal wird Ihrem/r Partner/in das zu viel. Schränken Sie Ihre Putzsucht ein wenig ein und lassen Sie andere mal zur Geltung kommen. Überlegen Sie, ob die Überbetonung von Äußerlichkeiten vielleicht mit einem inneren Defizit zusammenhängt, das Sie sich nur noch nicht bewußt gemacht haben.

3 Waagen sind anlehnungsbedürftig und haben es meisterhaft gelernt, unschuldsvoll zu schauen. Nutzen Sie dieses Talent jedoch nicht aus: Kommt man Ihnen auf die Spur, werden Sie vergebens auf tatkräftige Hilfe warten.

4 Waagen sind nachgiebig – manche sagen auch labil dazu. Sie entscheiden sich ungern und winden sich immer wieder aus peinlichen Situationen heraus. Achten Sie darauf, daß man Ihnen Nachgiebigkeit nicht als Charakterschwäche auslegt; Sie könnten sonst berufliche Nachteile erleiden. Vor allem in der Liebe müssen Sie Ihrem Partner zur Seite stehen – gerade in schwierigen Situationen, die Sie instinktiv meiden.

5 Waagen sind elegant und können sich bestens in jeder Gesellschaft bewegen. Mancher Bekannte geht nur deshalb gerne mit Ihnen aus, weil er weiß: Mit Ihnen wird jeder Abend zu einem perfekt inszenierten Ereignis. Lassen Sie sich nicht ausnutzen oder gar als Show-Objekt vorführen.

Waagen sind fröhlich und verbreiten stets eine gute 6
Stimmung. Schlechte Laune mögen Sie nicht. Ihrem Partner oder Ihrer Partnerin und Freunden gehen Sie manchmal damit ziemlich auf die Nerven. Akzeptieren Sie, daß andere nicht tagtäglich 24 Stunden gute Laune haben. Bedenken Sie, daß Ihre Aufgeräumtheit auch für Oberflächlichkeit gehalten werden kann.

Waagen haben viel Sinn für alle schönen Dinge des 7
Lebens. Sie neigen dazu, dafür viel Geld auszugeben – selbst wenn in Ihrem Portemonnaie vielleicht gerade Ebbe herrscht. Bitten Sie Ihren Partner oder Ihre Partnerin, in dieser Beziehung ein bißchen auf Sie aufzupassen – sonst verplempern Sie Ihr Geld zu oft für Kleinigkeiten, während Ihnen für die wirklich wichtigen Dinge die Luft ausgeht.

Waagen sind diplomatisch. Niemals sagen Sie jeman- 8
dem ins Gesicht, daß Sie ihn für unmöglich halten. Aber Sie werden stets eine passende Ausrede parat haben, wenn Sie sich mit ihm verabreden sollen. Manche halten Waagen daher auch für falsch oder unehrlich. Treiben Sie also Ihr diplomatisches Spiel nicht zu weit.

Waagen sind gesellige Wesen, alleine fühlen sie sich 9
nicht so recht wohl. Sie können aber nicht immer nur Jubel und Trubel um sich haben – hin und wieder brauchen sogar Sie eine besinnliche Pause. Sehen Sie sich vor, daß Ihre Stimmungswechsel nicht für Launenhaftigkeit gehalten werden.

Waagen streben stets nach Unabhängigkeit und lassen 10
sich nicht „anbinden“. Das gilt in der Liebe genauso wie im Beruf. Doch Sie sollten wissen: Ein wenig mehr Beständigkeit im Privatleben und im Job würde Ihnen Befriedigung verschaffen – und Sie nicht als unzuverlässiger Luftikus erscheinen lassen.

Checkliste: Sind Sie ein echter Waagemann?

		Ja	Nein
1.	Neigen Sie dazu, mehr zu versprechen, als Sie halten können?	4	2
2.	Können Sie sich so richtig Hals über Kopf verlieben?	2	0
3.	Gehen Sie allen Streitigkeiten gern aus dem Weg?	4	2
4.	Finden Sie nicht auch, daß ein wenig Eifersucht der Liebe erst die rechte Würze gibt?	1	3
5.	Legen Sie Wert darauf, eine gepflegte Erscheinung zu sein?	4	1
6.	Kann man sich in allen Lebenslagen blind auf Sie verlassen?	0	3
7.	Sind Sie ein wahrer Meister darin, Kompromisse auszuhandeln?	4	1
8.	Finden Sie, daß man sich in einer Ehe gegenseitig viele Freiheiten gewähren sollte?	3	2
9.	Fallen Ihnen stets gute Ausreden ein?	3	1
10.	Sind Sie den meisten Menschen Ihrer Umgebung sympathisch?	2	1

Auswertung

◆ Bis zu 12 Punkte machen klar: Sie sind kein typischer Waagemann! Sie wirken fast eigenbrötlerisch und ecken mit Ihrem Eigensinn oft an. Schlagen Sie in der Aszendententabelle nach, welches Sternzeichen Sie so beeinflußt.

◆ 13 bis 24 Punkte machen Sie zu einem Mischtypen. Ihr Wesen, Ihre Harmoniesucht, Ihre Liebenswürdigkeit stammen sicher von der Waage. Nicht ins Bild paßt Ihr Verhalten in der Liebe: Sie sind Ihrer Partnerin in unantastbarer Treue verbunden.

◆ Mit 25 und mehr Punkten sind Sie durch und durch Waagemann. Ihr Talent: Sie gehen Problemen aus dem Weg und suchen lieber Kompromisse als Lösungen. In der Liebe entflammen Sie rasch – doch dieses Strohfeuer vergeht schnell wieder.

Checkliste: Sind Sie eine echte Waagefrau?

		Ja	Nein
1.	Sind Sie ein echter Kumpeltyp?	2	4
2.	Suchen Sie nach einem Partner, der Ihnen überlegen ist?	3	1
3.	Stehen Sie – beruflich wie privat – gerne im Mittelpunkt?	3	0
4.	Geben Sie viel Geld für Mode und Kosmetik, für Sonnenstudio und Schönheitssalon aus?	4	1
5.	Haben Sie manchmal das Gefühl, Ihr Leben sei langweilig und Sie versäumten etwas?	2	0
6.	Werden Sie von Männern regelmäßig übersehen?	1	3
7.	Können Sie Kritik an Ihrer eigenen Person vertragen?	0	3
8.	Erfüllen Sie Aufgaben sofort und kommen Sie all Ihren Pflichten nach?	3	4
9.	Sind Sie sauer, wenn Sie etwas nicht sofort bekommen?	2	1
10.	Haben Sie einen Sinn für Schönheit und Ästhetik?	4	1

Auswertung

♦ Mit bis zu 12 Punkten sind Sie ganz und gar nicht typisch für eine Waagefrau. Weibliche Listen liegen Ihnen nicht, Sie flirten ungern und Sie schmollen nie. Sie haben eher ein kumpelhaftes Verhältnis zu Männern. Die Aszendententabelle sagt Ihnen, welches Sternzeichen Sie beeinflußt.

♦ 12 bis 24 Punkte zeigen an, daß Sie gerne vor dem Spiegel stehen und sich selbst bewundern. Mode ist wichtig für Sie. Lediglich Ihre Treue zu Ihrem Partner ist etwas untypisch für eine Waagefrau.

♦ 25 und mehr Punkte machen deutlich: Sie sind eine echte Waagefrau! Arbeit und Pflichten sind Ihnen verhaßt, Ihre Sucht, im Mittelpunkt stehen zu wollen, stört viele Ihrer Mitmenschen. Da Sie aber immer freundlich und sympathisch wirken, verzeiht man Ihnen so manches.

So finden Sie Ihren Aszendenten

Schritt 1: Bestimmen Sie zunächst anhand der Tabelle 1 die genaue Ortszeit Ihres Geburtsortes. Sollten Sie ihn nicht unter den angegebenen Städten finden, wählen Sie die Ihrem Geburtsort nächstgelegene Stadt. Ziehen Sie (bei Vorzeichen Minus) von Ihrer standesamtlichen Geburtszeit diejenige Minutenzahl ab, bzw. fügen Sie die Minuten (bei Pluszeichen) hinzu, die Sie hinter dem entsprechenden Städtenamen finden.
Zum Beispiel Geburtsort Berlin, Geburtszeit 18.05 Uhr minus 6 Min. = 17.59 Uhr. So erhalten Sie die korrigierte Ortszeit.
(Achtung! In Deutschland, Österreich und in der Schweiz galten verschiedene Sommerzeiten. Sie sind unten kleingedruckt aufgeführt. Fällt Ihr Geburtstag in eine dieser Sommerzeitperioden, müssen Sie eine Stunde – bzw. zwei Stunden bei doppelter Sommerzeit – von Ihrer Geburtszeit abziehen.)

Schritt 2: Suchen Sie jetzt in Tabelle 2 die für Ihren Geburtstag geltende Sternzeit (z.B. 15 Oktober = 1.33 Uhr). Addieren Sie die in Schritt 1 korrigierte Ortszeit mit der Sternzeit (z.B. 17.59 + 1.33 = 19.32). Sollte die Summe größer als 24 sein, ziehen Sie bitte 24 wieder ab.

Schritt 3: Suchen Sie nun in Tabelle 3 in der Spalte des für Ihren Geburtsort zutreffenden Breitengrades den Zeitraum, in den die in Schritt 2 errechnete Zeitangabe paßt – und lesen Sie in der rechten Randspalte ab, welcher Aszendent Ihre Geburt beeinflußte.

Unser Beispiel
Geburtstag: 15. Oktober 1950, Geburtsort: Berlin (53°),
Geburtszeit: 18.05 Uhr
1. Korrektur der Ortszeit des Geburtsortes (– 6 Min.) = 17.59 Uhr
2. Addition mit Sternzeit (15. Oktober: 1.33) = 19.32 Uhr
3. Suchen des Aszendenten in Tabelle 3 unter 53° = Stier

Sommerzeit in Deutschland
1916: 30. April, 23 Uhr bis 1. Oktober, 1 Uhr. **1917**: 16. April, 2 Uhr bis 17. September, 3 Uhr. **1918:** 15. April, 2 Uhr bis 16. September, 3 Uhr.
1940–1942: 1. April, 2 Uhr bis 2. November, 3 Uhr (durchgehend). **1943:** 29. März, 2 Uhr bis 4. Oktober, 3 Uhr. **1944:** 3 April, 2 Uhr bis 4. Oktober, 3 Uhr. **1945:** 2. April, 2 Uhr bis 16. September, 2 Uhr (in Berlin und in der sowjetischen Besatzungszone vom 24. Mai, 2 Uhr bis 24. September, 3 Uhr doppelte Sommerzeit und vom 24. September, 3 Uhr bis 18. November, 3 Uhr einfache Sommerzeit). **1946:** 14. April, 2 Uhr bis 7. Oktober, 3 Uhr (11. Mai, 3 Uhr bis 29. Juni, 3 Uhr sogen. doppelte Sommerzeit). **1947:** 6. April, 3 Uhr bis 5. Oktober, 3 Uhr. 1948: 18. April, 2 Uhr bis 3. Oktober, 3 Uhr. **1949:** 10. April, 2 Uhr (in der sowjetischen Besatzungszone 3 Uhr) bis 2. Oktober, 3 Uhr.
Sommerzeit in Österreich
1916–1918: wie Deutschland. **1919:** 28. April, 2 Uhr bis 29. September 3 Uhr. **1920:** 5. April, 2 Uhr bis 13. September, 3 Uhr.
1940–1944: wie Deutschland. 1945: 2. April, 2 Uhr bis 18. November, 3 Uhr. **1946–1948** wie Deutschland.
Sommerzeit in der Schweiz
1916: 3. Juni, 2 Uhr bis 30. September, 0 Uhr. **1941:** 5. Mai, 2 Uhr bis 6. Oktober, 0 Uhr. **1942:** 4. Mai, 2 Uhr bis 5. Oktober, 0 Uhr.

Tabelle 1: Berechnung der Ortszeit

Aachen (51°)	– 36	Min.		Kaiserslautern (49°)	– 29	Min.
Augsburg (48°)	– 16	Min.		Karlsruhe (49°)	– 26	Min.
Aussig (50°)	– 4	Min.		Kassel (51°)	– 22	Min.
Baden-Baden (49°)	– 27	Min.		Kiel (54°)	– 20	Min.
Bamberg (50°)	– 16	Min.		Klagenfurt (47°)	– 3	Min.
Basel (48°)	– 30	Min.		Koblenz (50°)	– 26	Min.
Bautzen (51 °)	– 2	Min.		Köln (51°)	– 32	Min.
Berlin (53°)	– 6	Min.		Königsberg (55°)	+ 22	Min.
Bern (47°)	– 29	Min.		Konstanz (48°)	– 23	Min.
Bielefeld (52°)	– 26	Min.		Lausanne (46°)	– 33	Min.
Bonn (51°)	– 31	Min.		Leipzig (51°)	– 10	Min.
Braunschweig (52°)	– 18	Min.		Lienz (47°)	– 9	Min.
Bregenz (47°)	– 21	Min.		Lindau (47°)	– 21	Min.
Bremen (53°)	– 25	Min.		Linz/Donau (48°)	– 3	Min.
Breslau (51°)	+ 8	Min.		Lübeck (54°)	– 17	Min.
Brünn (49°)	+ 6	Min.		Luxemburg (50°)	– 35	Min.
Chemnitz (51°)	– 8	Min.		Luzern (47°)	– 27	Min.
Danzig (54°)	+ 15	Min.		Magdeburg (52°)	– 13	Min.
Darmstadt (50°)	– 25	Min.		Mainz (50°)	– 27	Min.
Donaueschingen (48°)	– 26	Min.		Mannheim (49°)	– 26	Min.
Dortmund (52°)	– 30	Min.		München (48°)	– 14	Min.
Dresden (51°)	– 5	Min.		Münster (52°)	– 30	Min.
Düsseldorf (51°)	– 33	Min.		Nürnberg (49°)	– 16	Min.
Duisburg (51°)	– 33	Min.		Oldenburg (53°)	– 27	Min.
Emden (53°)	– 31	Min.		Osnabrück (52°)	– 28	Min.
Emmerich (52°)	– 35	Min.		Passau (49°)	– 6	Min.
Erfurt (51°)	– 15	Min:		Regensburg (49°)	– 12	Min.
Essen (51°)	– 32	Min.		Rostock (54°)	– 12	Min.
Flensburg (55°)	– 22	Min.		Saarbrücken (49°)	– 32	Min.
Frankfurt a.M. (50°)	– 25	Min.		Salzburg (48°)	– 8	Min.
Frankfurt/Oder (53°)	– 2	Min.		Schneidemühl (53°)	+ 7	Min.
Freiburg (48°)	– 29	Min.		St. Gallen (47°)	– 22	Min.
Garmisch (47°)	– 16	Min.		Straßburg (49°)	– 29	Min.
Genf (46°)	– 35	Min.		Stuttgart (49°)	– 23	Min.
Görlitz (51°)	+/– 0	Min.		Trier (50°)	– 33	Min.
Göttingen (51°)	– 20	Min.		Tübingen (49°)	– 24	Min.
Graz (47°)	+ 2	Min.		Ulm (48°)	– 20	Min.
Gumbinnen (55°)	+ 29	Min.		Villach (47°)	– 4	Min.
Halle/Saale (52°)	– 12	Min.		Weimar (51°)	– 15	Min.
Hamburg (54°)	– 20	Min.		Westerland/Sylt (55°)	– 27	Min.
Hannover (52°)	– 21	Min.		Wien (48°)	+ 6	Min.
Heidelberg (49°)	– 25	Min.		Wiesbaden (50°)	– 27	Min.
Hof (50°)	– 12	Min.		Würzburg (50°)	– 20	Min.
Husum (54°)	– 24	Min.		Wuppertal (51°)	– 31	Min.
Innsbruck (47°)	– 14	Min.		Zürich (47°)	– 26	Min.
Jena (51°)	– 14	Min.				

Sommerzeit seit 1980
Von 1980 an gilt in Deutschland (bis 1990 auch DDR), Österreich und in der Schweiz die Sommerzeit – jeweils beginnend um 2 Uhr und endend um 3 Uhr – in den folgenden Zeiträumen.
1980: 6. April bis 28. September. **1981:** 29. März bis 27. September. **1982:** 28. März bis 26. September. **1983:** 27. März bis 25. September. **1984:** 25. März bis 30. September. **1985:** 31. März bis 29. September. **1986:** 30. März bis 28. September. **1987:** 29. März bis 27. September. **1988:** 27. März bis 25. September. **1989:** 26. März bis 24. September. **1990:** 25. März bis 30. September. **1991:** 31. März bis 29. September. **1992:** 29. März bis 27. September. **1993:** 28. März bis 26. September. **1994:** 27. März bis 25. September. **1995:** 25. März bis 30. September. **1996:** 31. März bis 27. Oktober. **1997:** 30. März bis 26. Oktober.

Tabelle 2: Bestimmung der Sternzeit

Tag	Jan. Zeit	Feb. Zeit	März Zeit	April Zeit	Mai Zeit	Juni Zeit	Juli Zeit	Aug. Zeit	Sept. Zeit	Okt. Zeit	Nov. Zeit	Dez. Zeit
1	6.37	8.40	10.34	12.36	14.35	16.37	18.35	20.37	22.39	0.38	2.40	4.38
2	6.41	8.44	10.38	12.40	14.38	16.41	18.39	20.41	22.43	0.42	2.44	4.42
3	6.45	8.48	10.42	12.44	14.42	16.45	18.43	20.45	22.47	0.46	2.48	4.46
4	6.49	8.52	10.46	12.48	14.46	16.49	18.47	20.49	22.51	0.50	2.52	4.49
5	6.53	8.55	10.50	12.52	14.50	16.52	18.51	20.53	22.55	0.54	2.56	4.53
6	6.57	8.59	10.54	12.56	14.54	16.56	18.55	20.57	22.59	0.57	3.00	4.57
7	7.01	9.03	10.58	13.00	14.58	17.00	18.59	21.01	23.03	1.01	3.04	5.01
8	7.05	9.07	11.02	13.04	15.02	17.04	19.03	21.05	23.07	1.05	3.08	5.05
9	7.09	9.11	11.06	13.08	15.06	17.08	19.07	21.09	23.11	1.09	3.11	5.09
10	7.13	9.15	11.10	13.12	15.10	17.12	19.10	21.13	23.15	1.13	3.15	5.13
11	7.17	9.19	11.13	13.16	15.14	17.16	19.14	21.17	23.19	1.17	3.19	5.17
12	7.21	9.23	11.17	13.20	15.18	17.20	19.18	21.21	23.23	1.21	3.23	5.21
13	7.25	9.27	11.21	13.24	15.22	17.24	19.22	21.25	23.27	1.25	3.27	5.25
14	7.29	9.31	11.25	13.27	15.26	17.28	19.26	21.29	23.31	1.29	3.31	5.28
15	7.33	9.35	11.29	13.31	15.30	17.32	19.30	21.32	23.35	1.33	3.35	5.32
16	7-37	9.39	11.33	13.35	15.34	17.36	19.34	21.36	23.39	1.37	3.39	5.36
17	7.41	9.43	11.37	13.39	15.38	17.40	19.38	21.40	23.43	1.41	3.43	5.40
18	7.45	9.47	11.41	13.43	15.42	17.44	19.42	21.44	23.46	1.45	3.47	5.44
19	7.48	9.51	11.45	13.47	15.45	17.48	19.46	21.48	23.50	1.49	3.51	5.48
20	7.52	9.55	11.49	13.51	15.49	17.52	19.50	21.52	23.54	1.53	3.55	5.52
21	7.56	9.59	11.53	13.55	15.53	17.56	19.54	21.56	23.58	1.57	3.59	5.55
22	8.00	10.02	11.57	13.59	15.57	18.00	19.58	22.00	0.02	2.01	4.03	5.59
23	8.04	10.06	12.01	14.03	16.01	18.03	20.02	22.04	0.06	2.04	4.07	6.03
24	8.08	10.10	12.05	14.07	16.05	18.07	20.06	22.08	0.10	2.08	4.11	6.07
25	8.12	10.14	12.09	14.11	16.09	18.11	20.10	22.12	0.14	2.12	4.15	6.11
26	8.16	10.18	12.13	14.15	16.13	18.15	20.14	22.16	0.18	2.16	4.19	6.15
27	8.20	10.22	12.17	14.19	16.17	18.19	20.18	22.20	0.22	2.20	4.22	6.19
28	8.24	10.26	12.20	14.23	16.21	18.23	20.21	22.24	0.26	2.24	4.26	6.22
29	8.28	10.30	12.24	14.27	16.25	18.27	20.25	22.28	0.30	2.28	4.30	6.26
30	8.32		12.28	14.31	16.29	18.31	20.29	22.32	0.34	2.32	4.34	6.30
31	8.36		12.32		16.33		20.33	22.36		2.36		6.34

Tabelle 3: Bestimmung des Aszendenten

47° Uhrzeit	48° Uhrzeit	49° Uhrzeit	Aszendent
0.36 – 3.18	0.34 – 3.16	0.31 – 3.14	Löwe
3.19 – 6.00	3.17 – 6.00	3.15 – 6.00	Jungfrau
6.01 – 8.41	6.01 – 8.43	6.01 – 8.45	Waage
8.42 – 11.23	8.44 – 11.27	8.46 – 11.31	Skorpion
11.24 – 13.50	11.28 – 13.55	11.32 – 14.00	Schütze
13.51 – 15.41	13.56 – 15.45	14.01 – 15.48	Steinbock
15.42 – 16.58	15.46 – 17.00	15.49 – 17.02	Wassermann
16.59 – 18.00	17.01 – 18.00	17.03 – 18.00	Fische
18.01 – 19.01	18.01 – 18.59	18.01 – 18.57	Widder
19.02 – 20.19	19.00 – 20.15	18.58 – 20.11	Stier
20.20 – 22.10	20.16 – 22.05	20.12 – 22.00	Zwillinge
22.11 – 0.35	22.06 – 0.33	22.01 – 0.30	Krebs
50° Uhrzeit	**51° Uhrzeit**	**52° Uhrzeit**	
0.26 – 3.12	0.21 – 3.10	0.16 – 3.08	Löwe
3.13 – 6.00	3.11 – 6.00	3.09 – 6.00	Jungfrau
6.01 – 8.47	6.01 – 8.49	6.01 – 8.52	Waage
8.48 – 11.35	8.50 – 11.39	8.53 – 11.43	Skorpion
11.36 – 14.05	11.40 – 14.10	11.44 – 14.15	Schütze
14.06 – 15.52	14.11 – 15.56	14.16 – 16.01	Steinbock
15.53 – 17.04	15.57 – 17.06	16.02 – 17.09	Wassermann
17.05 – 18.00	17.07 – 18.00	17.10 – 18.00	Fische
18.01 – 18.55	18.01 – 18.53	18.01 – 18.51	Widder
18.56 – 20.07	18.54 – 20.03	18.52 – 19.59	Stier
20.08 – 21.55	20.04 – 21.51	20.00 – 21.45	Zwillinge
21.56 – 0.25	21.52 – 0.20	21.46 – 0.15	Krebs
53° Uhrzeit	**54° Uhrzeit**	**55° Uhrzeit**	
0.13 – 3.06	0.08 – 3.04	0.05 – 3.01	Löwe
3.07 – 6.00	3.05 – 6.00	3.02 – 6.00	Jungfrau
6.01 – 8.54	6.01 – 8.56	6.01 – 8.58	Waage
8.55 – 11.47	8.57 – 11.52	8.59 – 11.57	Skorpion
11.48 – 14.20	11.53 – 14.26	11.58 – 14.30	Schütze
14.21 – 16.06	14.27 – 16.10	14.31 – 16.14	Steinbock
16.07 – 17.11	16.11 – 17.14	16.15 – 17.16	Wassermann
17.12 – 18.00	17.15 – 18.00	17.17 – 18.00	Fische
18.01 – 18.49	18.01 – 18.46	18.01 – 18.44	Widder
18.50 – 19.55	18.47 – 19.50	18.45 – 19.46	Stier
19.56 – 21.39	19.51 – 21.33	19.47 – 21.38	Zwillinge
21.40 – 0.12	21.34 – 0.07	21.39 – 0.04	Krebs

Friederika-Luba von Cohlem
praktiziert seit Jahren erfolgreich als
Astrologin in Bayern und hat als Fachberaterin an
zahlreichen Buchprojekten mitgewirkt.

Christina Zacker
ist Journalistin und Autorin zahlreicher Bücher,
u.a. zu esoterischen und astrologischen Themen.
Für eine Reihe von Zeitschriften hat sie Jahres-
und Monatshoroskope erstellt und redaktionell betreut.

Olaf Thiede
lebt als Graphiker und Landschaftsmaler in
Potsdam-Babelsberg und hat sich nach einer Vielzahl von
Ausstellungen verstärkt der Buchillustration zugewandt.

Dieses Buch wurde auf chlorfrei gebleichtem und säurefreiem Papier gedruckt.

ISBN 3 8068 1747 2

Umschlaggestaltung und Layout: Rincón², Design & Produktion GmbH, Köln
Redaktion: Heike Pressler, München
Schlußredaktion: Thomas Wieke
Herstellung: Peter Pleischl, Kommunikations-Design, München
Satz: Renate Draeger, München
Titelbild: Rincón², Design & Produktion GmbH, Köln/M. Klinnert
Illustrationen: Olaf Thiede, Potsdam
Druck: Ernst Uhl, Radolfzell

817 2635 4453